novas geopolíticas

COLEÇÃO
CAMINHOS DA GEOGRAFIA

novas geopolíticas

As representações do século XXI

josé william vesentini

Revisão
Sandra Regina de Souza/Texto & Arte Serviços Editoriais

Projeto de capa
Antonio Kehl

Diagramação
Global Tec – Produções Gráficas/Texto & Arte Serviços Editoriais

Dados Internacionais de Catalogação na Publicação (CIP)
(Câmara Brasileira do Livro, SP, Brasil)

Vesentini, José William, 1950-
Novas geopolíticas. José William Vesentini. 5. ed., 7ª reimpressão. –
São Paulo : Contexto, 2024.

Bilbliografia.
ISBN 978-85-7244-151-3

1. Geografia política 2. Geopolítica 3. Política mundial
4. Relações internacionais. I. Título.

00-3405 CDD-327.101

Índices para catálogo sistemático:
1. Geopolítica: Relações internacionais: Ciência política 327.101
2. Relações de poder: Relações internacionais: Ciência política 327.101

2024

EDITORA CONTEXTO
Diretor editorial: *Jaime Pinsky*

Rua Dr. José Elias, 520 – Alto da Lapa
05083-030 – São Paulo – SP
PABX: (11) 3832 5838
contato@editoracontexto.com.br
www.editoracontexto.com.br

SUMÁRIO

"É surpreendente ver como o problema dos espaços levou tanto tempo para aparecer como problema histórico-político: ou o espaço era remetido à 'natureza', à geografia física, ou era concebido como local de residência ou de expansão de um povo (...) o que importava era o substrato ou as fronteiras. Seria preciso fazer uma história dos *espaços – que seria ao mesmo tempo uma história* dos *poderes – que estudasse desde as grandes estratégias da geopolítica até as pequenas táticas do* habitat.*"*

Michel Foucault

"A política dos direitos do homem se impõe a todos aqueles que não mais se satisfazem com uma análise em termos de relações de produção (...) e para quem o abandono da perspectiva do comunismo não induz de forma alguma a se refugiar numa visão religiosa ou moral do mundo, mas incita, pelo contrário, a procurar novos meios de pensamento e de ação (...) Esses direitos são um dos princípios geradores da democracia. Eles não se dissociam da consciência dos direitos (...) e nascem e se desenvolvem a partir de núcleos diversos, às vezes por ocasião de conflitos conjunturais, e não tendem a fundir-se, não se ordenam sob a imagem de um agente da história, a do Povo-Uno. É, pois, necessário abandonar a ideia de uma política que comprimiria as aspirações coletivas no modelo de uma sociedade-outra ou, o que dá no mesmo, a ideia de uma política que sobrevoaria o mundo em que vivemos, para deixar cair sobre ele os raios do juízo final (...) Essas minorias e essas categorias [que expandem o espaço da democracia inventando/reivindicando direitos] podem descobrir sua identidade própria, quer seja de ordem étnica, uma afinidade de costumes ou uma similitude de condição, ou podem se constituir em função de um projeto de alcance geral (proteção dos consumidores, defesa do meio ambiente...)."

Claude Lefort

Para os meus alunos de Geografia Política, que sem saber tornaram-se coautores desta obra ao polemizarem os textos de Thurow, Huntington, Kennedy, Naisbitt, Ohmae, Fukuyama e tantos outros, ajudando-me a fazer um diálogo entre eles e a nova geografia política do mundo.

J.W.V.

INTRODUÇÃO

A guerra é um assunto sério demais para ser deixado nas mãos dos militares, afirma-se comumente*. Talvez até em maior proporção, o mesmo parece ocorrer hoje com a geopolítica, isto é, com o entendimento do poderio mundial (ou regional), dos conflitos e tensões entre Estados ou povos, do equilíbrio instável de forças no âmbito internacional. Estão se multiplicando em quase todo o mundo, dentro e fora das universidades, os centros ou institutos de estudos estratégicos e/ou geopolíticos. Mas eles são interdisciplinares e não mais dominados por estrategistas que raciocinam em termos de espaço físico (localização, recursos naturais) e principalmente de força militar, tal como ocorria com as geopolíticas clássicas. Nos últimos anos, a correlação de forças e o poderio mundial ou regional (por exemplo, no Oriente Médio) é objeto de estudos por parte de inúmeros cientistas sociais que, individualmente ou em equipe, avaliam os diversos atores e as inúmeras facetas das relações de poder na sua dimensão espacial.

* Frase normalmente atribuída a Winston Churchill, primeiro-ministro inglês na época da Segunda Guerra Mundial e que desempenhou um importantíssimo papel na estratégia militar dos aliados.

Estratégia, geoestratégia e geopolítica

Cabe aqui uma distinção, mesmo que relativa, entre estratégia, geoestratégia e geopolítica. A estratégia, que surgiu no final do século XVIII como uma redefinição da antiga "arte da guerra", preocupa-se essencialmente com a *gestão* [administração] *da guerra* e com a *segurança pública*[1].

É lógico que a estratégia tem uma dimensão não espacial (quem e como vai comandar uma tropa, por exemplo, ou como se dará a renovação tecnológica dos armamentos) e uma parte ou dimensão espacial (onde vai ficar estacionada tal ou qual tropa, para onde ela vai se deslocar etc.). Essa dimensão espacial da estratégia é a geoestratégia. Já a geopolítica, surgida no início do século XX, tem como preocupação fundamental a questão da correlação de forças – antes vista como militar, mas hoje como econômico-tecnológica, cultural e social – no âmbito territorial, com ênfase no espaço mundial[2].

Na prática, contudo, sempre foi extremamente difícil separar a geoestratégia da geopolítica. E também existem outros complicadores, que tornam todas essas noções difíceis de serem delimitadas. Um deles é a popularização, nas últimas décadas – provavelmente após e devido à Segunda Guerra Mundial –, da palavra estratégia, que passou a significar qualquer tipo de plano, técnica ou estratagema: fala-se, por exemplo, na "estratégia" do time de futebol (ou de basquete), na "estratégia" do boxeador (ou do judoca), na "estratégia" da empresa para ampliar o seu mercado etc. É evidente que esse significado *lato sensu* quase nada tem a ver com o significado original, *strito sensu*, da estratégia como disciplina, arte ou forma de conhecimento ligada aos meios militares. Também com a geopolítica essa inflação terminológica vem ocorrendo, embora mais recentemente. A partir do final da década de 1980, devido às mudanças radicais no mapa-múndi (vistas pela mídia, com razão, como redefinições geopolíticas), a palavra geopolítica tornou-se moda[3]. Hoje ela é usada, em alguns meios, para se referir a praticamente todas as discussões políticas e econômicas internacionais – os encontros relativos ao meio ambiente global, as reuniões da OMC ou do FMI e os protestos contra eles, a Alca ou a União Europeia etc. –, algo que evidentemente torna essa palavra desprovida de qualquer significado preciso. A título de curiosidade, poderíamos lembrar que algumas escolas de ensino médio no Brasil chegaram a incluir nos seus currículos a disciplina "geopolítica" e o seu conteúdo nada mais é que "atualidades", com os professores (graduados em História, Geografia ou Sociologia) discutindo com os alunos tudo que sai na mídia e que eles consideram importante.

Um renomado economista confessou recentemente[4] ter se inspirado na geopolítica ao utilizar a palavra "globobagens" [*globaloney*] para se referir ao amontoado de *non-sense* ou impropérios que frequentemente são ditos, principalmente nos meios jornalísticos (mas também em alguns artigos acadêmicos e em congressos ou encontros científicos, que em certos casos transformam-se em verdadeiros circos), quando o assunto em pauta refere-se à globalização ou ao novo cenário geopolítico mundial. Mas isso não significa, como ele próprio assinala, que esses temas sejam pouco importantes ou que tudo o que é dito sobre eles seja pouco fundamentado ou vazio de conteúdo. Por isso mesmo acreditamos que é possível falar em "novas geopolíticas", mantendo um significado relativamente preciso e delimitado para a palavra – isto é, como um campo de estudos interdisciplinar que se refere à correlação de forças no plano espacial, com ênfase na escala mundial –, discutindo suas ideias e suas diferenças ante as geopolíticas clássicas.

Ao contrário do que proclamou Yves Lacoste, para quem "a geopolítica é a verdadeira geografia, a geografia fundamental"[5], a recente revalorização dos estudos geopolíticos vê esse(s) objeto(s) como uma *problemática interdisciplinar.* Tal como a questão ambiental, estudada sob diversos prismas e na maior parte das vezes de forma interdisciplinar, a problemática geopolítica não mais se identifica com *uma única disciplina* (seja ciência ou arte; seja a geografia, a ciência política ou a estratégia militar) e sim como um *campo de estudos.*

As geopolíticas clássicas foram elaboradas primeiramente por militares (Mahan, Haushofer e vários outros) e, em segundo lugar, por juristas (Kjellén) ou geógrafos (Mackinder). Era difícil distinguir entre geopolítica e geoestratégia, pois no cerne de suas teorias havia sempre o problema da guerra e da força militar. As novas geopolíticas, em especial após o final da guerra fria e da ameaça de um holocausto nuclear, relativizam (mas não omitem) a questão da guerra militar e enfatizam outras "guerras" ou conflitos: econômicos, sociais, culturais e até simbólicos (na mídia e na indústria cultural, por exemplo). Quase não existem mais militares entre os seus principais teóricos. Eles são historiadores (Kissinger, Kennedy), sociólogos (Huntington, Fukuyama), geógrafos (Taylor, Parker, Agnew), cientistas políticos (Brzezinski, Luttwak), economistas (Thurow, Ohmae) e outros.

O objetivo deste livro é comentar as novas geopolíticas que surgiram a partir do final da década de 1980 e que procuram explicar como se dará a disputa pela hegemonia mundial no século XXI. Iniciamos, no primeiro capítulo, com um resumo do que foi a geopolítica clássica e, principalmente, como e por que ela ingressou numa profunda crise. Nos demais capítulos elaboramos uma apresentação crítica das novas ideias geopolíticas que surgiram no mundo pós-guerra fria. Como se poderá deduzir, embora o nome "geopolítica" continue a ser utilizado (com a ressalva de que muitos dos autores mencionados não fazem a menor questão desse rótulo), o *approach* – isto é, o enfoque, a abordagem – atualmente é outro. Além da relativização da guerra militar, também o Estado deixou de ser o sujeito epistemológico oculto: as geopolíticas clássicas não apenas estavam centradas no Estado como o único ator ou agente, mas eram igualmente feitas por ele e para ele. Eram antes de mais nada *propostas de ação* no sentido de fortalecer o "seu" Estado; daí elas terem sido construídas como "geopolíticas nacionais"[6]. As novas geopolíticas, não por coincidência surgidas na "era da globalização" e enfraquecimento (relativo) dos Estados nacionais, normalmente não são feitas "para o Estado" e tampouco o veem como o único ator na política mundial. Novos atores ou sujeitos são levados em consideração, desde as civilizações ou grandes culturas até as ONG's, passando pelas empresas multi ou transnacionais, pelas organizações internacionais (ONU, OMC, FMI etc.) e pelos "blocos" ou mercados regionais (União Europeia, Nafta, Mercosul etc.). E novos campos de luta são agora vistos como importantes para a compreensão das relações de poder no espaço mundial, desde a questão ambiental (embates sobre o uso dos oceanos ou do espaço cósmico ao redor do planeta, a emissão de gases do efeito estufa, os desmatamentos e a perda de biodiversidade, o que é desenvolvimento sustentável etc.) até as lutas pelos direitos das mulheres, de minorias étnico-nacionais, de grupos com diferentes orientações sexuais, de povos sem território reconhecido, de populações excluídas na sociedade global ou em sociedades nacionais etc.

Nossa preocupação básica nesta obra é encetar um diálogo crítico com as principais representações geopolíticas do mundo pós-guerra fria. Almejamos com isso apresentar ao leitor uma discussão sobre como serão os principais conflitos mundiais no século XXI – ou melhor, como eles estão se dando e quais as suas perspectivas, pois o século XXI já se iniciou desde pelo menos 1991. Entendemos que o século XX foi aquele da Segunda Revolução Industrial (indústrias automobilística, petroquímica e mecânica, o petróleo como fonte de energia essencial, os Estados Unidos como potência hegemônica no plano econômico etc.), e de duas ordens mundiais sucessivas: uma multipolaridade conflituosa, com ênfase no poderio militar, na sua primeira metade (até 1945), e uma bipolaridade também conflituosa – expressa como guerra fria e corrida armamentista, cujo sentido levava até a um exterminismo[7] – na sua segunda metade (até por volta de 1991, ocasião em que a União Soviética se esfacelou e o conflito capitalismo *versus* socialismo deixou de existir como parte fundamental do equilíbrio de poder em escala mundial). Já o século XXI pode ser visto, pelo menos provisoriamente, como aquele da Terceira Revolução Industrial (informática, robótica, biotecnologia, sociedade em rede etc.), da globalização capitalista e de uma multipolaridade complexa, na qual se entrecruzam várias disputas ou tensões (econômicas, culturais, político-territoriais, étnicas, ambientais etc.).

Assim, esta obra é uma introdução ao estudo (geopolítico) do século XXI. Um estudo feito pelo confronto de ideias e teorias (de Huntington, Thurow, Kennedy, Brzezinski e tantos outros), a partir das quais – ou, em alguns casos, contra as quais – nosso próprio pensamento é construído. Se no final o leitor concordar que cada teoria vê à sua maneira algo que efetivamente ocorre na realidade, que existem verdades (no plural) e não um único pensamento correto, e que as ideias não apenas explicam o mundo mas também ajudam a redefini-lo, então teremos atingido o principal objetivo deste livro.

AS GEOPOLÍTICAS CLÁSSICAS E A SUA CRISE[1]

O ADVENTO DA GEOPOLÍTICA

A geopolítica nasceu – pelo menos oficialmente, como rótulo – com o jurista sueco Rudolf Kjellén, que pela primeira vez empregou esse termo num ensaio intitulado "As grandes potências", publicado em 1905 numa revista do seu país[2]. Onze anos mais tarde Kjellén reafirma as bases dessa "nova disciplina" no seu livro *O Estado como forma de vida*, editado em 1916 na Suécia. Formado em Direito e tendo sido parlamentar, Kjellén lecionava Ciência Política e História nas universidades de Uppsala e de Göteborg. Sua preocupação fundamental nessas obras era com o poderio mundial e ele definiu a geopolítica como "a ciência que estuda o Estado como organismo geográfico"[3]. Como se tratava de um objeto semelhante ao da geografia política, sistematizada/redefinida em 1897 por F. Ratzel (do qual Kjellén foi um leitor atento), ele procurou estabelecer diferenças entre essas duas formas de conhecimento. Essas diferenças estariam principalmente na abordagem, que seria geográfica no caso da geografia política (ou seja, uma ênfase nas "relações homem/natureza") e política no caso da geopolítica (isto é, "a perspectiva do Estado perante a dimensão espacial da sua atuação"). Ele também procurou enfatizar o lugar da geopolítica como intersecção entre a ciência política, a geografia política, a estratégia militar e a teoria jurídica do Estado. O conceito de interdisciplinaridade não era familiar nem a Kjellén nem à sua época, razão pela qual ele encarava a geopolítica como "uma ciência".

Essa distinção operada por Kjellén entre geopolítica e geografia política foi bastante questionada; muitos geógrafos no passado e no presente (Thorndike Jr, Lacoste, Claval e vários outros) viram na geopolítica tão somente a geografia política "aplicada". Entretanto, os "grandes nomes" da geopolítica, com a notável exceção de Mackinder, não foram de geógrafos e sim de estrategistas militares. E a preocupação básica da geopolítica clássica nunca foi a de um conhecimento (geográfico e/ou científico) sobre um aspecto da realidade (a dimensão espacial da política) e sim a de estabelecer bases para que o "seu" Estado se fortalecesse no cenário internacional.

A geopolítica logo se expandiu, tendo encontrado no cenário mundial da primeira metade do século XX um solo fértil para crescer. A ordem mundial multipolar que vigorou desde o final do século XIX até a Segunda Guerra Mundial propiciava um clima de pré-guerra entre as grandes potências do período, com acirradas disputas por territórios, mercados e recursos na África, na Ásia e até na Europa[4]. Com o declínio relativo da Inglaterra, grande potência mundial na ordem monopolar da segunda metade do século XVIII e de quase todo o XIX, os embates pela hegemonia mundial se multiplicavam. Nesse contexto, inúmeros pensadores se engajaram na tarefa, apelidada de geopolítica por Kjellén, de compreender o equilíbrio de forças no espaço mundial e as condições pelas quais um determinado Estado pode se tornar uma grande potência. Na visão desses pensadores, de forma inclusive coerente com a sua época, o fundamental era a quantidade de recursos – mercados, povos (mão de obra, soldados), solos agriculturáveis, minérios, espaço geográfico enfim. Daí as geopolíticas clássicas terem sido em geral explicações a respeito da importância estratégica de determinados territórios, da necessidade de expansão territorial – ou controle de espaços (rotas marítimas ou áreas geoestratégicas) – como forma de fortalecimento do Estado e de adquirir hegemonia.

MAHAN E O PODERIO NAVAL

Apesar de ser considerado um dos "clássicos da geopolítica" – juntamente com Kjellén, Mackinder e Haushofer –, o almirante norte-americano Alfred T. Mahan na realidade nunca fez uso desse rótulo em seus escritos, que em grande parte foram publicados antes mesmo de Kjellén ter proposto essa nova forma de conhecimento. Sua obra mais conhecida, *A influência do poder marinho sobre a história,* foi publicada em 1890. Ele foi sem dúvida o nome mais conhecido da estratégia naval, tendo lecionado no recém-criado Naval War College e discutido amplamente o que ele denominou "poder marítimo"(*Sea Power*). Assim como os demais geopolíticos clássicos, Mahan acreditava no "fardo do homem branco" (a visão segundo a qual o Ocidente deveria comandar ou "civilizar" o mundo, sendo que o colonialismo ou o neocolonialismo seria algo positivo para os demais povos) e entendia que as guerras eram inevitáveis na história[5].

A chave para a hegemonia mundial, segundo Mahan, estaria no controle das rotas marítimas, essas "veias por onde circulam os fluxos do comércio internacional"[6]. A posse de grande poder marinho, dessa forma, seria indispensável para um Estado que almejasse tornar-se importante potência mundial. Obviamente que Mahan pensava essencialmente no fortalecimento dos Estados Unidos, que na época estavam vivenciando mudanças na sua política externa e se consolidando como uma das grandes potências mundiais da ordem multipolar conflituosa que nasceu a partir do enfraquecimento relativo da Inglaterra. Pela própria posição geográfica (e traços históricos) dos Estados Unidos – algo que Mahan enfatizou –, pela ausência de inimigos potenciais significativos por terra, e pela importância do comércio marítimo nas trocas econômicas internacionais, ampliar o controle dos mares seria o grande objetivo da estratégia norte-americana.

Toda geopolítica, e a de Mahan não foge à regra, implica uma filosofia da história. A leitura mahaniana da história, de forma distorcida[7], via o poder marítimo como o centro das mudanças, algo que provavelmente decorreu da sua própria atividade como professor na Escola Naval e da incumbência a que se propôs, de pensar as condições para o fortalecimento do seu Estado no cenário mundial. Se como teórico Mahan não foi muito profundo[8], como "conselheiro do príncipe" ele parece ter sido muito ouvido. Não apenas os Estados Unidos tornaram-se, desde os primórdios do século XX, a grande potência marítima do planeta – a "baleia", nos dizeres de Raymond Aron[9] –, como uma importante ideia de Mahan tornou-se realidade: a construção do canal do Panamá, unindo os oceanos Atlântico e Pacífico, concluída coincidentemente no ano de sua morte, 1914.

A VISÃO GEOESTRATÉGICA DE MACKINDER

Halford J. Mackinder, apesar de também não ter feito uso do rótulo geopolítica, é considerado o grande teórico da geopolítica clássica. Kjellén foi o criador do nome, mas um pensador limitado, que não deixou importantes ideias ou teorias. E aquele que se tornou no nome mais famoso da geopolítica, o general Haushofer, é normalmente visto apenas como um aplicador e adaptador, para o Estado alemão, de ideias mahanianas e, principalmente, mackinderianas.

Alicerçado na ideia de que a geografia é o *pivot* (base, sustentáculo) da história, Mackinder construiu toda uma teoria que tem na geoestratégia a chave para a hegemonia mundial. Tido como "o propugnador do poder terrestre" – em oposição a Mahan, visto como "o evangelista do poder marítimo"[10] –, Mackinder criou conceitos que foram reproduzidos por praticamente todos os demais geopolíticos e se tornaram clássicos: *pivot area*, *world island*, anel insular, anel interior ou marginal e, principalmente, *heartland*. Suas obras principais foram a conferência *O pivot geográfico da História*[11] e *Democracia, ideais e realidade*, livro editado em 1919[12].

Como os oceanos e mares cobrem cerca de três quartos da superfície terrestre e, nas terras emersas (onde logicamente vivem os povos e existem os Estados) destaca-se um conjunto ou "continente", o Velho Mundo (África e Eurásia), que abrange cerca de 58% do total (64% se excluirmos a Antártida), Mackinder hierarquizou esses espaços como se eles tivessem um valor intrínseco e permanente para o poderio mundial. Ele chamou de "ilha mundial" (*world island*) esse grande bloco de terras (o Velho Mundo), no qual, de acordo com os seus estudos (algo que provavelmente seja verdadeiro na medida em que aí vive a maior parte da população mundial), teria ocorrido a imensa maioria das guerras da história da humanidade. E dentro dessa "ilha mundial" haveria uma área central básica, a *pivot area*, que seria uma imensa região central localizada em parte na Europa e em parte na Ásia. No coração dessa *pivot area* existiria a região geoestratégica do planeta, a *heartland* ("terra-coração") – que corresponde aproximadamente ao que chamamos hoje de Europa oriental –, cuja posse seria a condição básica para a hegemonia mundial. A importância dessa região estaria na combinação de três características: a presença de uma porção importante da maior planície do mundo, que se prolongaria desde as estepes russas até a Alemanha, os Países Baixos e o norte da França, e que seria coberta de pastagens (*grassland*), o que favoreceria a mobilidade de povos e guerreiros; a presença de alguns dos maiores rios do mundo (*sic*); e a sua natureza mais ou menos fechada em relação às incursões marinhas. Nas célebres palavras do autor, "Quem controla a *heartland* ['terra-coração'] domina a pivot area e quem domina a *pivot area* controla a 'ilha mundial', e quem controla a 'ilha mundial' domina o mundo."[13]

O *heartland (terra-coração)* de Mackinder

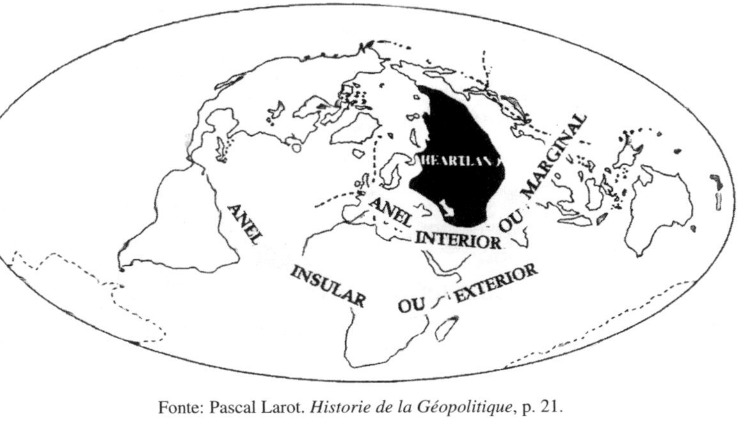

Fonte: Pascal Larot. *Historie de la Géopolitique*, p. 21.

Esse raciocínio fundamenta-se no que Aron chamou de "esquematização geográfica"[14], que consiste em tentar compreender a história, notadamente as guerras e os conflitos entre os povos, a partir de características territoriais. Essas ideias, que afinal de contas foram levadas a sério até pelo menos a Segunda Guerra Mundial, talvez tenham tido uma boa base de sustentação (o que não significa que sejam ou tenham sido totalmente verdadeiras) na época em que Mackinder viveu, aquela do Estado territorial militarizado (o Estado pós-napoleônico), com a guerra sendo ainda desenvolvida, na terra ou no mar (mas não ainda no ar e muito menos com apoio no espaço cósmico) com base não na tecnologia de precisão, como nos dias de hoje, e sim no número de soldados, navios e armamentos.

HAUSHOFER E A EXPANSÃO DA *GEOPOLITIK*

Pode-se dizer, sem nenhum exagero, que foram Karl Haushofer e a *Zeitschrift für Geopolitik* [Revista de Geopolítica], publicada na Alemanha de 1924 até 1944 e por ele chefiada, que tornaram a geopolítica famosa e, inclusive, definiram os seus "clássicos". Sem esses personagens, que logicamente foram impulsionados por determinados aspectos do clima intelectual da República de Weimar e da Alemanha nazista (Berlim como a "nova Paris" nos anos 20 e 30, ressentimento alemão contra os tratados de pós-Primeira Guerra Mundial, misticismo, radicalização nacionalista, ênfase na raça e na busca do seu "espaço justo" etc.), a geopolítica provavelmente teria conhecido um destino diferente, seria tão somente mais uma das inúmeras propostas malogradas para "uma nova ciência" (tais como a "ciência do Estado", a "ciência ambiental", a polemologia, a espaciologia, a dromologia e tantas outras).

Mas essa revista – que, além de Haushofer, contou com a colaboração de vários intelectuais: militares, geógrafos, cientistas políticos, historiadores e economistas, sendo que alguns eram renomados professores universitários – alcançou um enorme sucesso: passou de uma tiragem inicial de mil exemplares por mês, em 1924, para mais de cinco mil nos anos 30, sendo que por volta de um quarto dos leitores era constituído por assinantes do exterior[15].

Cabe lembrar que até aqui na América do Sul certos pensadores, notadamente militares, reproduziam ou adaptavam inúmeras ideias divulgadas por essa revista. Fazendo eco à ideologia nacional-socialista – em especial a partir de 1931, quando essa linha editorial foi explicitamente afirmada e alguns dos colaboradores originais, mais preocupados com a imagem acadêmica ou científica, se recusaram a continuar participando –, a *Revista de Geopolítica* abordava temas como o "espaço vital" para a Alemanha (isto é, a "necessidade de novos territórios" para a nação alemã, especialmente na "Europa central" – conceito importante na *Geopolitik* – e também na África), a nova ordem europeia ou mundial ideais, a superioridade da raça ariana e o seu destino etc.[16]

Haushofer fez largo uso das ideias de Mackinder, adaptando-as para um prisma alemão. Se o geógrafo inglês pensava na perspectiva do poderio britânico, o militar alemão, que classificou o texto de Mackinder de 1904 como "uma obra-prima geopolítica", fez uma leitura às avessas e teorizou sobre as condições para se fortalecer o Estado germânico. Mackinder era defensor do império britânico e até mesmo antigermânico e antirrusso: a seu ver o maior perigo para a Inglaterra seria uma eventual aliança Alemanha/Rússia, as duas potências europeias que juntas poderiam facilmente controlar a *heartland.* Haushofer, citando a frase "É preciso aprender com o inimigo", minimizava as diferenças ideológicas entre o nazismo alemão e o comunismo russo e enfatizava a necessidade dessa "aliança natural" entre os dois Estados para se contrapor ao então poderoso império britânico[17].

Haushofer esboçou uma "ordem mundial ideal", resultado de uma desejável aliança entre Alemanha, Rússia e Japão (evidentemente contra a Inglaterra, a França e a China; e sem mexer com os Estados Unidos e a sua *pax* americana no novo continente), que consistiria na divisão do mundo em quatro "blocos" ou zonas continentais: a zona de influência alemã, que abarcaria a Europa (menos Rússia), a África e o Oriente Médio; a zona de influência dos Estados Unidos (o continente americano); a zona de influência da Rússia (a imensa Rússia mais o sul da Ásia, ou seja, uma saída para o oceano Índico); e a zona de influência do Japão (Extremo Oriente, Sudeste asiático e Oceania)[18].

A ordem mundial ideal segundo Haushofer

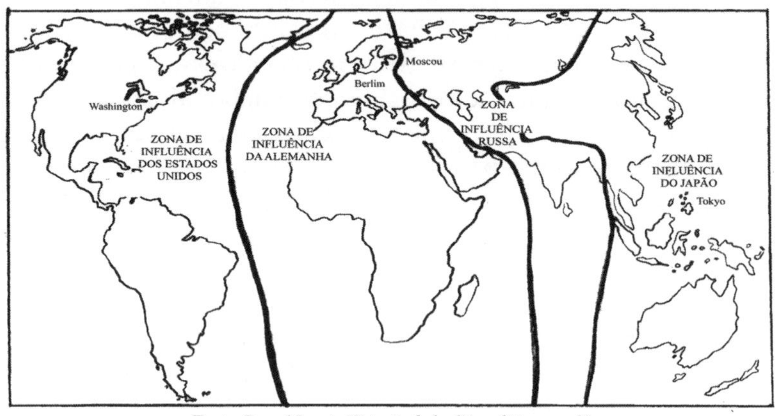

Fonte: Pascal Larot. *Historie de la Géopolitique*, p. 31.

Discutiu-se muito a respeito das ligações – reais ou imaginárias – das ideias de Haushofer com a política expansionista da Alemanha nazista. O próprio geopolítico, que se suicidou em 1946 após ter sofrido um duro julgamento no pós-guerra e estar arruinado, deixou uma espécie de carta-testamento intitulada "Uma apologia da geopolítica"[19], na qual isenta a *Geopolitik* de qualquer responsabilidade nesse expansionismo e afirma que estava somente "fazendo ciência", com um "método americano" (*sic*) e que até teve um atrito com Hitler. E de fato Haushofer era casado com uma judia e amigo íntimo de Rudolf Hess, que por sinal o apresentou a Hitler em 1922 (só que Hess fugiu da Alemanha em 1941, a partir do que alguns de seus amigos – inclusive Haushofer – ficaram malvistos pelo regime). Haushofer teve um filho assassinado pela gestapo em 1944, sob a acusação de ter participado, junto com alguns militares e intelectuais, de uma tentativa de assassinar Hitler e acabar com a guerra, que praticamente já estava perdida. Mas isso tudo não apaga o teor expansionista da *Geopolitik*, que na realidade era muito mais do que apenas um ideal de grande potência mundial para a Alemanha. Era uma divulgação de ideias que basicamente afirmavam o seguinte: existiam inúmeros territórios que eram "naturalmente" germânicos, embora não ainda oficialmente – aqueles perdidos na guerra de 1914-1918 e também outros, onde havia a presença de povos de origem alemã; alguns mapas da *Revista de Geopolítica* mostravam mais de metade da Europa nessa situação e até mesmo áreas ultracontinentais, como Santa Catarina e partes do Rio Grande do Sul, no Brasil, nas quais nem sequer os limites políticos entre os estados eram representados; e que a ordem mundial era injusta devido à pouca presença da Alemanha, um candidato "natural" (pela engenhosidade da raça, que seria intelectualmente superior e destinada a comandar) a ser uma grande potência mundial. Essas ideias e a "cartografia geopolítica" com os seus mapas elaborados *ad hoc* (eles normalmente usavam projeções cartográficas que ampliavam o território dos países vizinhos, além de símbolos de aviões e tropas ao redor da Alemanha, o que dava a impressão do país cercado por inimigos prestes a invadir o solo pátrio) eram na década de 1930 constantemente reproduzidas até nas escolas fundamentais e médias, pois a *Revista de Geopolítica* costumava ser lida por professores – e alguns autores de manuais didáticos foram colaboradores dela –, que muitas vezes utilizavam esse material nas suas aulas. Se Haushofer não influenciou a política expansionista do III Reich, mesmo porque ele discordou da invasão da Rússia e da abertura de uma nova frente na guerra, por outro lado ele e a sua revista repercutiram com veemência a ideologia da "raça superior" e, mais do que isso, acrescentaram a "necessidade de espaço vital" para o futuro da Alemanha. Um intelectual alemão da década de 1930, dissidente do nacional-socialismo de Hitler, afirmou que "Sua escola de geopolítica [de Haushofer] ajudou amplamente a fixar as intenções do regime em política estrangeira e pode até dizer-se que lhe permitiu tomar plenamente consciência de si mesmo nesse terreno."[20]

Cartografia geopolítica

Território do povo alemão

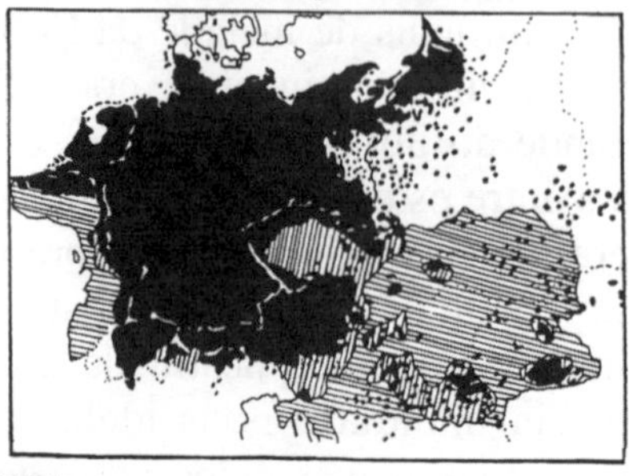

Território do povo alemão, incluindo as áreas de língua holandesa.
Território cultural alemão.
Territórios perdidos desde 1500 e territórios com administração alemã durante um período de mais de 100 anos.

São dois mapas publicados em 1934 na *Zeitschrift für Geopolitik* e que exemplificam o que a revista denominava "cartografia geopolítica". O primeiro (acima) mostra o que era considerado por Haushofer e colaboradores o "território de povo e cultura alemã" na Europa, uma área que abrangia mais do que o dobro do território sob o domínio do Estado germânico. E o segundo mapa (abaixo) mostra a Alemanha prestes a ser atacada pelos vizinhos, inclusive pela frágil Tchecoslováquia, que em 1939 seria invadida pela Alemanha, no fato gerador da Segunda Guerra Mundial. (Fonte: SILVA, Altiva B. da. Op. cit., p. 130 e 135).

A Alemanha ameaçada pelos vizinhos

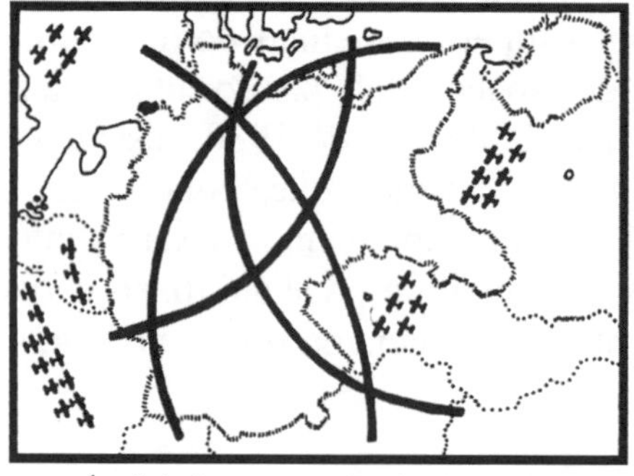

Área limite de ameaça por aviões de países vizinhos.

A CRISE DA GEOPOLÍTICA CLÁSSICA

A partir do final da Segunda Guerra Mundial, a geopolítica ingressou numa *crise*, ou seja, numa fase de questionamentos e inclusive de esgotamento de seus pressupostos fundamentais. Primeiramente, até meados da década de 1970, ela viveu numa espécie de ostracismo, pois os vencedores a identificavam com os vencidos (o fascismo italiano, a política expansionista do Japão de antes da guerra e especialmente o nazismo alemão) e praticá-la ou mesmo escrever sobre ela (a não ser que fosse para criticar veementemente) passou a ser algo não recomendável ou mesmo banido do mundo acadêmico e científico. É lógico que determinadas "escolas geopolíticas", como no Brasil, no Chile ou na Argentina, continuaram a produzir a todo o vapor – e muitas vezes até suas ideias serviam de base para políticas territoriais de seus Estados. Mas elas eram periféricas, existiam à margem das universidades e foram praticamente ignoradas no centro do mundo capitalista e mesmo na antiga superpotência socialista. Nos Estados centrais os pensadores que teorizavam sobre o equilíbrio mundial ou regional de forças, algo importante naquele período de guerra fria e corrida armamentista, eram considerados (e consideravam-se) como estrategistas militares, principalmente, ou às vezes cientistas políticos, geógrafos ou sociólogos, mas nunca geopolíticos; eles muito raramente mencionavam a geopolítica clássica, a não ser para mostrar a sua falácia ou obsolescência.

A partir de meados da década de 1970, todavia, a geopolítica volta à ordem do dia, só que agora renovada: não mais ideias pragmáticas sobre o poder marítimo *versus* o poder terrestre, ou sobre a *heartland*, ou mesmo sobre as condições para um determinado Estado tornar-se potência mundial (algo que parecia já "resolvido" naquele período das duas superpotências), e sim teorias a respeito do embate entre capitalismo e socialismo, da guerra fria e a sua lógica, das perspectivas de uma terceira guerra mundial.

Provavelmente o pontapé inicial nessa "retomada da geopolítica" foi dado por Yves Lacoste e seu grupo, reunido em torno da revista *Hérodote*, cujo primeiro número foi editado em 1976, mesmo ano do mencionado livro *A geografia – isso serve, em primeiro lugar, para fazer a guerra*[21]. O subtítulo da *Hérodote* passou a ser "Revista de geografia e de geopolítica" e logo ela se transformou no mais importante periódico geográfico acadêmico da França (pela tiragem de trinta mil exemplares a cada número, que é trimensal) e acabou sendo clonada na Itália e na Espanha. Também nos Estados Unidos essa proposta de se fazer uma "geopolítica crítica" foi adotada em alguns meios acadêmicos e originou várias pesquisas, ensaios e livros[22].

A bem da verdade, foi sobretudo a conjuntura internacional dos anos 70 e 80 – e não apenas a iniciativa isolada de tal ou qual pessoa ou grupo – que impulsionou essa retomada dos estudos geopolíticos. Era uma época em que se pensava seriamente no holocausto nuclear, na terceira guerra mundial[23]. A corrida armamentista atingia cifras astronômicas no período – os gastos mundiais com armamentos alcançavam por volta de oitocentos bilhões até um trilhão de dólares por ano nessas décadas. Logo, pensar a guerra (ou opor-se) tornou-se uma necessidade imperiosa para os movimentos sociais, as instituições de pesquisas e os intelectuais em geral. Naquele período não era possível refletir sobre o futuro da humanidade – ou mesmo sobre os ideais socialistas, por exemplo – sem se defrontar com a questão da guerra[24]. Além disso, passadas três décadas do final da Segunda Guerra Mundial, as feridas já estavam em grande parte cicatrizadas – ou seja, aquela geração que vivenciou a guerra e que tinha, com motivos pertinentes, sérios ressentimentos contra a *geopolitik* alemã, já não se encontrava mais em posições de mando na vida política ou no mundo acadêmico –, o que significa que, em meados dos anos 70, retomar a geopolítica não era mais algo considerado impróprio ou até perigoso, tal como tinha sido nos anos 50. E logo a seguir, com as mudanças radicais ocorridas entre 1989 a 1991 – a crise do "mundo socialista", o final da União Soviética e as redefinições no mapa-múndi –, indagar a respeito da nova ordem mundial – e, consequentemente, a respeito de quem vai dominar o século XXI, qual é ou quais são ou serão as novas grandes potências, como ocorre o exercício do poder no planeta etc. – impôs-se como um novo e importante objeto de pesquisas e reflexões.

Mas se o rótulo geopolítica foi retomado, pelo menos por alguns, os métodos e os pressupostos fundamentais dos geopolíticos considerados clássicos foram deixados de lado. Isso porque a realidade mudou e não é mais possível explicá-la, se é que alguma vez foi, pelo *approach* clássico. Na época da globalização e progressivo enfraquecimento dos Estados nacionais, de revolução técnico-científica e seus efeitos sobre o poderio (inclusive militar) de cada Estado, aqueles pressupostos fundamentais caducaram. Veja-se, por exemplo, a questão do que seria hoje uma "grande potência mundial", justamente o tema privilegiado do pensamento geopolítico. De acordo com os autores clássicos e seus seguidores, inclusive a "escola geopolítica brasileira", que teve grande importância no país durante muitas décadas, uma grande potência seria um Estado com uma população e principalmente um território enormes e uma ótima capacidade militar (o que incluiria soldados, armamentos e estratégia). Mas os países que seguiram essa via nas últimas décadas apenas desperdiçaram inutilmente recursos, e isso por vários motivos.

Em primeiro lugar, a corrida armamentista do pós-guerra até a década de 1980 – que, no limite, implicava a posse de armamentos nucleares – chegou a um beco sem saída na medida em que o excesso de gastos militares comprovadamente atrapalha o desenvolvimento da economia civil[25] e, além disso, as armas mais caras e pesadas, as bombas nucleares e termonucleares, constituem quase que um elefante branco: calcula-se que o uso de apenas 10% delas (levando em conta a quantidade que existia em 1980) ocasionaria uma tal modificação na biosfera que tornaria inviável a vida humana no planeta[26]. Além disso, a enorme destruição física e demográfica que esses armamentos ocasionam geraria uma espécie de "vitória de Pirro", pois o objetivo da guerra é fortalecer-se usufruindo dos recursos conquistados e não exterminar o inimigo e contaminar a biosfera. Foi basicamente por esse motivo que os Estados Unidos retiraram as suas tropas do Vietnã em 1974, preferindo admitir a derrota a fazer uso desse tipo de armamentos; e o mesmo ocorreu com os soviéticos em 1989, que abandonaram o Afeganistão sem tentar essa "última cartada", ou seja, o uso de bombas nucleares. E é exatamente por isso que atualmente as economias desenvolvidas, a partir do exemplo pioneiro dos Estados Unidos, preocupam-se mais com a tecnologia de ponta e armamentos de precisão em vez de se preocupar com aqueles de destruição em massa[27].

Em segundo lugar, a recente Terceira Revolução Industrial, ou revolução técnico-científica, vem diminuindo gradativamente a importância dos recursos naturais (minérios, solos, espaço físico enfim) ao utilizar técnicas de biotecnologia para produzir mais alimentos com bem menos espaço, inclusive em locais antes considerados impróprios para a criação ou o cultivo, ao economizar fontes de energia ou matérias-primas (por meio da reciclagem e do uso de tecnologias que produzem menores desperdícios) e ao substituir certos materiais escassos por outros mais abundantes. Ela também, com os avanços da informática e da robótica, vem desvalorizando a mão de obra barata e mesmo os soldados pouco qualificados (ou seja, uma população tão somente numerosa, sem boa escolaridade ou elevado poder aquisitivo).

Com isso, desde pelo menos a década de 1980 – e mais ainda nos anos 1990, após o final do "mundo socialista" e da guerra fria – ficou claro que uma grande potência mundial é antes de tudo um Estado (ou uma confederação, como no caso da União Europeia) que possui tecnologia moderna, com uma força de trabalho qualificada (o que pressupõe um elevado nível de escolaridade), e não aquele que possui basicamente um grande território, numerosa população, boa estratégia militar e armamentos pesados. O Japão foi o país que melhor simbolizou essa mudança de enfoque. Podemos contrapor esse exemplo ao de outros países, como a Índia ou principalmente o Paquistão, que seguiram caminhos opostos ao nipônico. De país arrasado pela guerra de 1939-45, considerado até subdesenvolvido nos anos 1950, o Japão deixou de lado o militarismo e a expansão territorial e enfatizou a pesquisa tecnológica, a educação pública de boa qualidade para todos e o esforço no sentido de uma industrialização com progressivo controle de qualidade dos produtos, chegando a ser considerado, já nos anos 80, uma grande potência em ascensão, em condições de participar da disputa pela hegemonia mundial no século XXI[28].

Já a Índia e o Paquistão, com territórios e populações bem maiores que os do Japão, deixaram de lado (algo que parece estar mudando na Índia atual) todos aqueles setores priorizados pelo Japão e adotaram estratégias mais coerentes com a geopolítica clássica, chegando inclusive a fabricar bombas atômicas. Mas nem a Índia e tampouco o Paquistão foram ou são considerados grandes potências mundiais nem são tidos como sérios candidatos a esse *status*.

AS DISPUTAS MUNDIAIS DE PODER SÃO ESSENCIALMENTE ECONÔMICAS?

LUTTWAK E THUROW: A GEOECONOMIA E A IDEIA DE COMPETIÇÃO/COOPERAÇÃO

Edward N. Luttwak, professor de Centro de Estudos Estratégicos e Internacionais de Washington, foi talvez o primeiro autor que, em plena crise do mundo socialista e início do final da guerra fria, proclamou que as guerras militares foram agora substituídas pelos conflitos econômicos. Ele publicou em 1990, na importante revista norte-americana *The National Interest*, um polêmico artigo cujo título já deixa claro a sua interpretação da nova ordem mundial: "Da geopolítica à geoeconomia"[1]. Ele não descarta a continuação dos conflitos militares, mas afirma que o poder militar hoje – após o colapso da União Soviética e o final da guerra fria – tem uma reduzida importância na questão da hegemonia mundial. Ele afirma que o cenário internacional é ainda ocupado primordialmente por Estados e/ou blocos de Estados associados, que substituíram a geopolítica, as relações internacionais determinadas em última instância pelo poderio militar, pela "geoeconomia", isto é pela lógica do comércio; reinterpretando a célebre formulação de Clausewitz – "A guerra é a política continuada por outros meios" –, que era constantemente citada pelos geopolíticos clássicos, Luttwak afirma que agora "A lógica da guerra está subsumida [incorporada] à gramática [às regras] do comércio"[2].

Entretanto, se a geopolítica está sendo substituída pela geoeconomia, esta última não tem um papel tão forte quanto aquela tinha no mundo militarizado e dominado pelos conflitos entre os Estados nacionais. Isso porque, argumenta Luttwak, os Estados ou os blocos deles dividem uma parte de seu antigo poderio mundial com outros agentes – empresas transnacionais, novas tecnologias como a Internet, organizações globais mais fortes etc. –, e até mesmo o avanço das privatizações diminuiria o espaço de atuação do poder público na economia[3]. Num debate a respeito do significado da guerra do Kosovo, promovido pela revista *Prospect* em maio de 2000 – e reproduzido pela *Folha de S. Paulo* –, no qual trocou ideias com Hobsbawn, Fukuyama e Ash, Luttwak afirmou que esse evento teria consagrado uma radical mudança no tema "soberania", que foi definido pelo Tratado de Westfália, de 1648, como o direito de um Estado de fazer o que bem entender sobre o seu território, ou seja, uma não ingerência estrangeira no seu espaço de dominação. A guerra do Kosovo – assim como os bombardeios no Iraque –, teria então iniciado uma nova era, coeva com o enfraquecimento relativo do Estado nacional, onde se pode interferir dentro de um território nacional desde que em nome dos direitos humanos ou do sistema global[4]. Reiterando a sua ideia de que a guerra militar é cada vez mais difícil nesta era de globalização e ausência de bipolaridades ideológicas – e enorme influência da mídia –, ele faz uma comparação irônica com 1914 dizendo que hoje não seria mais possível que um governo conclamasse "milhões de pessoas a se vestirem de maneira engraçada e atravessarem o canal da Mancha para cavar trincheiras e guerrear"[5].

Além de reinterpretar os conflitos mundiais no exato momento em que a guerra fria findava, Luttwak na verdade propõe uma nova forma de atuação para o seu Estado, para o governo norte-americano. Ele foi o primeiro – ou um dos primeiros – a enfatizar que a disputa agora não é mais com o comunismo ou com a União Soviética, e sim com os rivais comerciais – Japão, União Europeia e outros. A competição agora não seria mais ideológica ou bélica (a corrida armamentista) e sim a conquista de mercados, os *déficits* na balança comercial, a corrida pelas novas tecnologias e seus ganhos monetários.

Mas foi Lester Thurow, professor de economia no MIT – Massachusetts Institute of Technology – e ex-assessor do presidente norte-americano Bill Clinton, quem melhor desenvolveu a ideia de que as "guerras econômicas" passaram a dominar o mundo após o final da guerra fria, substituindo os conflitos militares. Sua obra de grande impacto, *Head to Head* [Cabeça a cabeça], publicada em 1992, logo após o esfacelamento da ex-União Soviética, afirma que

> O confronto agora deixou de ser militar para se tornar econômico (...) Em última análise, os confrontos militares representam um desperdício de recursos. As competições econômicas são exatamente o contrário. Na competição econômica o mundo não está mais dividido em parceiros e inimigos. O jogo será simultaneamente competitivo e cooperativo. É possível ser amigo e aliado e no entanto querer vencer.[6]

Sua pergunta básica é: quem vai dominar o mundo no século XXI? Ele afirma que o século XIX foi britânico e o século XX, norte-americano e, na sua opinião, o século XXI não terá uma única potência dominante e será marcado pela disputa entre três centros mundiais de poder: o Japão, a Europa (a seu ver, liderada pela Alemanha) e os Estados Unidos[7]. Mas essa competição atual não é mais como as do passado, tais como, no início do século XX, quando a disputa implicava arrasar com o adversário, quando as economias nacionais eram relativamente independentes umas das outras. Agora, com a crescente interdependência entre as economias, a questão é concorrer e ao mesmo tempo se associar, crescer conjuntamente, pois a crise num desses lugares afeta os demais e, inversamente, a expansão numa área tem um efeito positivo sobre as outras. Por esse motivo, a disputa atual não mais consistiria em produzir maior quantidade de armamentos ou anexar novos territórios (seja militar ou ideologicamente, como na época da guerra fria), e sim em produzir mais e melhores bens e serviços, ampliando a produtividade, o nível tecnológico e educacional, o padrão de consumo da população enfim.

Depois que Thurow publicou esse livro, cujas ideias encontraram eco na mídia, alguns acontecimentos (e várias críticas) fizeram com que ele se dispusesse a atualizar e em parte reelaborar a sua interpretação do mundo, embora sem alterar a ideia central.

A economia japonesa, uma verdadeira locomotiva mundial nos anos 1970 e 1980, ingressou numa recessão na década de 1990, ao passo que a chinesa, estagnada durante muito tempo, alcançou as maiores taxas de crescimento de todo o mundo nessa década. E as várias guerras sangrentas dos anos 1990, com destaque para as dos Bálcãs, em pleno coração da Europa, forneceram ampla munição para os críticos dessa ideia da obsolescência dos conflitos militares. Assim, num novo livro, *The future of capitalism*, de 1996, Thurow procurou tapar as lacunas do seu pensamento, argumentando nunca ter afirmado que os conflitos militares acabaram, mas apenas que são as competições econômicas que agora decidem o destino dos povos, dando alguma atenção (mas não muita) à China e à ex-URSS e, principalmente, enfatizando o que ele denominou "as cinco placas tectônicas" que estão se mexendo e alterando a geografia política do globo: a transição problemática do socialismo para o capitalismo em nações que abrangem um terço da humanidade, a globalização da economia, as mudanças tecnológicas que diminuem a importância dos recursos naturais e até do capital e valorizam o conhecimento (o "poder cerebral"), a multipolaridade (isto é, a ausência de uma potência mundial dominante que determine as regras do jogo) e as mudanças demográficas no sentido de uma população mundial cada vez mais envelhecida e com significativos fluxos migratórios que vão das regiões pobres para as desenvolvidas[8].

De uma forma que poderíamos chamar de "ocidentalcêntrica" – na qual se enxerga o mundo sob a ótica do que normalmente se apelida como o Ocidente, ou seja, Estados Unidos, Canadá, Europa Ocidental, Austrália e Nova Zelândia –, Thurow vê as perspectivas mundiais para o século XXI como "o futuro do capitalismo" (da economia de mercado, da globalização capitalista, da ideologia do progresso), descartando completamente qualquer outro caminho ou opção para um mundo de paz e elevado padrão de vida, um mundo sem caos afinal. Na sua opinião, desde que o sucesso passou a ser definido como a elevação nos padrões de vida dos povos que nenhum sistema econômico conseguiu emular o capitalismo. Todos os concorrentes do capitalismo no século XX – o nazifascismo e o comunismo – fracassaram e o único perigo realmente sério para o futuro do capitalismo seria ele próprio, as desigualdades e as injustiças que muitas vezes o mercado ocasiona; daí o autor argumentar que o capitalismo tem que mudar para sobreviver[9].

Lester Thurow não é somente um acadêmico, mas antes de tudo um geopolítico, um pensador pragmático que no final das contas está aconselhando o seu Estado a trilhar um determinado caminho. O objetivo principal de sua obra é chamar a atenção das autoridades – e do empresariado – dos Estados Unidos para o que ele chama de "um novo jogo, que vai decidir os rumos do mundo no século XXI". Ele menciona o exemplo de Colombo, que a bordo de um bom navio "capitalista" velejou por mares incertos e ajudou a construir um novo mundo, e conclui este segundo livro dizendo que "agora que compreendemos as forças tectônicas que estão alterando a geografia política da Terra, voltemos ao problema da construção de um navio capitalista que nos levará em segurança até uma nova era"[10].

Com isso, ele quis dizer que cabe agora aos norte-americanos tomarem consciência e se engajarem na estratégia adequada para esse novo jogo competitivo/cooperativo: evitar os perigos (que, na sua opinião, não consistem mais em ideologias alternativas ao capitalismo e sim no descontentamento, gerado pelas desigualdades, migrações e injustiças, que está produzindo em algumas áreas o crescimento do racismo e do neonazismo) e promover as condições para o seu país continuar liderando o mundo neste novo século, quais sejam: investir mais e melhor em pesquisa e desenvolvimento, em projetos de infraestrutura, em reformas nos programas de pensão e assistência médica para os idosos, em educação e qualificação da força de trabalho[11].

OS MEGABLOCOS OU MERCADOS REGIONAIS

Uma das ideias mais populares a respeito da disputa pelo poder no mundo pós-guerra fria é a dos megablocos ou "blocos regionais". Ela não tem propriamente uma paternidade ou um "teórico principal", tal como ocorre com outras ideias similares (a nova competição/cooperação econômica, o choque de civilizações, a geoeconomia substituindo a geopolítica ou o fim da história, por exemplo). Ela se desenvolveu, antes mesmo do final da guerra fria, por meio de inúmeras discussões – e os ensaios que foram publicados a partir delas – ocorridas no seio de organizações internacionais – notadamente na CEE (atual União Europeia) – e também na mídia.

Essa interpretação consiste basicamente na ideia de que são os megablocos, e não mais os Estados nacionais, que dominam o cenário mundial ou as relações de poder no espaço planetário. Normalmente se divide o mundo em três "blocos regionais" preponderantes: o americano (liderado pelos Estados Unidos), o europeu, que incluiria a África (comandado pela Alemanha) e o asiático ou "oriental", que incluiria a Oceania (capitaneado pelo Japão e/ou pela China). Também se especula a respeito de um "bloco" liderado pela Rússia (a CEI – Comunidade dos Estados Independentes) e de um potencial ou hipotético "bloco islâmico". O momento em que essa interpretação se consolidou ajuda a elucidá-la. Foi por volta de 1989-1990, quando parecia já certo o final da bipolaridade e da disputa entre os "blocos da guerra fria": o capitalista, liderado pelos EUA, e o socialista, liderado pela ex-URSS. Assim sendo, a primeira reação de alguns foi a de identificar "novos blocos" no espaço mundial. E como já existia um crescimento econômico da Europa Ocidental e do Japão, que desde os anos 1970 constituíam junto com os EUA a chamada "tríade" do mundo capitalista[12], nada mais natural que substituir os dois "blocos" da guerra fria pelos três "blocos" que aparentemente dominariam o mundo pós-guerra fria.

Um dos principais fundamentos dessa interpretação foi o sucesso da integração europeia, cujo exemplo foi parcialmente imitado em várias partes do mundo (Nafta, Mercosul, Apec, as tentativas de se criar a Alca – Área de Livre Comércio nas Américas etc.). Nos anos 1980 alguns autores, e inúmeros jornalistas, falavam em "fortaleza europeia", sugerindo um progressivo fechamento do continente com o avançar da integração. A partir daí, muitos começaram a interpretar como "natural" a formação de mercados regionais nos diversos continentes, vendo nesse processo o nascimento de uma nova ordem geopolítica mundial "plural", marcada pelas associações de países ao redor de um Estado núcleo ou central[13]. Alguns dos adeptos dessa interpretação, exagerando a importância desses mercados regionais (e inclusive os homogeneizando, não percebendo as suas diferenças e vendo todos a partir do prisma da União Europeia, o único que caminha de fato no sentido de construir uma confederação), passaram a falar numa "nova geografia regional do mundo" ou até mesmo em "blocos internacionais de poder"[14].

Do ponto de vista geopolítico essa ideia de "blocos de poder" é duvidosa, pois esses mercados regionais – ou áreas de livre comércio na maior parte das vezes (Nafta, Apec, Alca), que possuem uma coesão político-diplomática menor ainda que um mercado regional – têm uma atuação essencialmente comercial e, nos assuntos políticos e militares, eles – com a exceção parcial da União Europeia – não atuam conjuntamente como sujeitos. Os Estados Unidos, por exemplo, não têm a menor preocupação em consultar seus parceiros do Nafta (e muito menos da virtual Alca) ao liderarem incursões militares tais como a guerra do Golfo em 1991, ou os bombardeios sobre a Sérvia em 1999, entre outros. E mesmo a União Europeia, o exemplo mais acabado do que seria um "bloco" (e, pelo menos até o momento, o único exemplo de fato), normalmente tem uma atuação geopolítica dividida, com o Reino Unido de um lado (que quase sempre se alinha aos Estados Unidos nos conflitos mundiais) e a França do outro (que, dentro de certos limites, é o Estado mais eurocêntrico e relativamente antinorte-americano).

Ademais, os avanços no processo de globalização relativizam esses mercados pretensamente fechados. Existe sem dúvida uma globalização com regionalização (que lhe é complementar e não oposta), ou seja, a expansão da interdependência econômica não se dá por igual em todas as partes do globo e sim por degraus ou etapas, primeiramente – e de forma mais acelerada – entre associados em algum mercado regional, em especial se forem economias desenvolvidas. Esses mercados regionais são na realidade *a forma* pela qual a globalização avança e não uma nova divisão do mundo ou um fechamento dos continentes em "blocos" alternativos. Como afirmou um ex-secretário geral adjunto da ONU:

> Há aqueles que especulam a respeito de um mundo dividido em blocos – um japonês, um norte-americano e um europeu – e escrevem roteiros sombrios de conflitos internacionais em que esses gigantes se chocam em guerras comerciais (...) Visões sensacionalistas desse tipo não raramente merecem acolhida dos meios de comunicação de massas, mas não creio que sejam plausíveis. É um equívoco falar em blocos comerciais como se todas as formas de associação comercial fossem equivalentes.[15]

Cabe apenas indagar se essa interpretação, muito mais popular na Europa (em especial na França) e em determinados meios por ela influenciados culturalmente, não esconderia um projeto. Não seria, como todas as geopolíticas, só que de forma bem mais velada (e inclusive não consciente para alguns de seus divulgadores), uma tentativa de influenciar a realidade? Não seria basicamente uma aposta na unificação político-militar da União Europeia? Afinal, apresentar como "natural" uma formação de blocos continentais que dividem entre si o mundo e constroem uma unidade não somente econômica mas também político-militar, não implicaria um estratagema para influenciar a opinião pública (e as autoridades) no sentido de que esse é o único caminho para o futuro?

O SISTEMA-MUNDO E A SUA LÓGICA

A nova geografia política do mundo, segundo alguns, teria como base fundamental o chamado "sistema global", ou sistema-mundo, que seria uma espécie de "ator" muito mais importante que os Estados nacionais ou mesmo que as associações internacionais tais como a União Europeia. São vários os adeptos dessa interpretação, que possui diferentes versões. O que há de comum entre elas é a crença no enfraquecimento do Estado-nação, que teria deixado de ser o ator privilegiado no cenário mundial – advindo daí a superação do conceito de grande potência –, sendo que a chave para se entender as relações de poder seria o sistema global. O alicerce desse sistema-mundo é o capitalismo, ou melhor, ele consiste basicamente na economia capitalista mundializada; daí a geopolítica – isto é, as disputas por poder no espaço mundial – ser considerada um corolário da competição e/ou dominação econômica.

Provavelmente o mais influente teórico dessa linha interpretativa seja Immanuel Wallerstein, um historiador e economista norte-americano que desde o final dos anos 1960 vem realizando uma análise, inspirada no marxismo e na escola historiográfica francesa dos *Annales* (F. Braudel e outros), a respeito do capitalismo como sistema global e que teve ampla repercussão – e seguidores fiéis ou críticos – em várias partes do mundo. Para ele existem as "potências hegemônicas", como ele denomina, o que significa que os Estados têm um certo papel a desempenhar, mas quem comanda de fato as mudanças é a lógica do sistema global. Nas suas palavras:

> Uma das estruturas básicas da economia-mundo capitalista é a ascensão e o declínio cíclicos de 'hegemonias' no interior do sistema-mundo. A história da terceira dessas hegemonias, a dos Estados Unidos, iniciou-se em 1873, no começo da chamada 'grande depressão' do século XIX, momento em que se pode afirmar que a hegemonia britânica terminou.[16]

Nesses termos, podemos concluir que seria a economia (e não a geopolítica) que determinaria o(s) Estado(s) que teria(m) um papel hegemônico a desempenhar no interior do sistema-mundo.

Essa interpretação implica uma geometrização do espaço mundial. Existe o centro do sistema – no qual sobressai(em) a(s) potência(s) hegemônica(s) – e as diversas periferias; mais recentemente criou-se o conceito de "semiperiferia" para se referir a determinados países (Coreia do Sul, Brasil, Índia) que pertencem à periferia do sistema capitalista, mas possuem um nível de industrialização elevado e em alguns casos exercem o papel de subpolos ou subcentros (alguns ainda falam em "potências regionais") no seu entorno. Pode-se dizer que existe praticamente uma "escola" dos adeptos da teoria do sistema-mundo, que inclui pensadores de diversas áreas das ciências sociais, inclusive geógrafos. Peter J. Taylor é o autor que há mais tempo e de forma sistemática vem tentanto renovar a abordagem geográfico-política do espaço mundial fazendo uso dessa teoria[17]. Segundo ele, torna-se necessário ir além da perspectiva do Estado nacional na abordagem da geografia política e, nessa direção, a análise do sistema-mundo seria uma contribuição valiosa. Afirmando que existem fundamentalmente três níveis de escala geográfica – local-urbano, no qual a *experiência* ou o vivido seria a tônica; o nacional, que seria caracterizado pelo *ideológico*; e o global, que seria o nível da *realidade sistemática* –, Taylor vê a teoria do sistema-mundo como um instrumento para se evitar a separação entre os três níveis, ou seja, para se ter uma coerência na abordagem do local, do nacional e do mundial[18].

Essa ênfase na totalidade, essa busca de coerência entre as partes ou níveis, e a ideia complementar de que a "abordagem tradicional", de inspiração liberal e centrada no Estado, fragmenta a realidade é uma recorrência a essa interpretação do sistema-mundo. Wallerstein chega a falar numa "ciência baconiana/cartesiana/newtoniana", que seria a base do sistema mundial capitalista – ele até forjou o termo "geocultura", por analogia com geopolítica, para se referir a essa cultura global do sistema e os seus conflitos/resistências –, e que deveríamos substituir por uma "nova ciência"[19]. Mas o grande problema dessa construção teórica é pretender deduzir as partes do todo – a lógica do sistema-mundo precede as ações dos atores (Estados, empresas, associações internacionais) – e com isso perde-se a *contingência* das ações humanas, perde-se enfim a política entendida como o entrecruzamento conflituoso de ações/projetos de grupos com vistas ao exercício do poder.

Na realidade, Wallerstein – e vários outros pensadores com esse traço em comum – é uma espécie de "geopolítico às avessas", que não está preocupado com quem vai dominar o espaço mundial no século XXI, e muito menos com as condições para o seu Estado manter ou reforçar a sua hegemonia no âmbito global, mas sim com a necessidade de implodir o sistema, de encontrar alternativas à economia-mundo. Ele seria então um dos representantes daquilo que alguns geógrafos denominaram *antigeopolítica*, ou seja, pensadores ou movimentos sociais (desde que tenham, como supostamente ocorre com os zapatistas, com os ecologistas radicais ou com os islâmicos xiitas, um discurso antissistêmico) que "desafiem o poder dos Estados (e das elites que neles mandam) e das organizações globais neles alicerçadas"[20]. Só que normalmente essas tão festejadas "resistências antissistêmicas" são plurais e em alguns casos até mesmo fundamentalistas. Quem garante que ofereçam alternativas melhores do que as do sistema global? As lutas pela ampliação dos direitos humanos, contra a discriminação étnica ou sexual, contra o trabalho infantil, contra os desmatamentos, pela melhoria da escola pública ou da distribuição social da renda etc. são menosprezadas ou – somente quando podem ser vistas como "revolucionárias" – então idealizadas por Wallerstein e outros que raciocinam em termos de totalidade. Pode-se inclusive questionar se existe algum fundamento para essa noção de "resistências antissistêmicas", salvo talvez para raríssimos casos (aqueles alicerçados em dogmas religiosos). É mais provável que esses movimentos ou resistências – como os zapatistas, em Chiapas (sul do México), dentre outros –, malgrado a retórica de alguns de seus líderes, lutem de fato por melhorias sociais e correção de injustiças dentro do capitalismo. Mas as lutas dentro do sistema, a sua reforma no sentido de ampliar o espaço da democracia, é algo que *a priori* Wallerstein considera conservador ou não revolucionário.

Não seria essa mais uma forma do pensamento tipo "tudo ou nada", que afinal de contas apenas encobre o ideal de uma sociedade transparente de ponta a ponta, legível e visível em cada uma de suas partes? Não deixa de ser preocupante que Wallerstein, numa recente entrevista, tenha dito que "o sistema global está em colapso" devido a uma pretensa "tendência à baixa nas margens de lucros", e, prevendo a eclosão de sangrentas revoltas e guerras nesta fase de "desmoronamento do capitalismo", teríamos de construir uma "nova estrutura" tendo por modelo "como uma universidade ou um hospital funciona: internamente, eles são semiautoritários, mas permitem grande autonomia para seus profissionais"[21].

GLOBALIZAÇÃO E DESCENTRALIZAÇÃO SÃO SINÔNIMOS?

Para alguns autores o avanço no processo de globalização enfraquece os grandes atores do cenário mundial, em especial os Estados, e favorece os atores menores (regiões, lugares, pequenas empresas, indivíduos). Apesar de ter algo em comum com a teoria do sistema-mundo (a ênfase no global e a crença no enfraquecimento dos Estados nacionais), esta interpretação é praticamente oposta àquela: o sistema global aqui é visto como algo extremamente positivo e, mais do que isso, como a garantia da humanidade para um mundo de prosperidade e diminuição do autoritarismo e dos conflitos militares. Os adeptos dessa interpretação, que possui várias nuanças, constituem na realidade os forjadores do termo "globalização" tal como ele vem sendo utilizado desde os anos 1980, isto é, como uma crescente interdependência de todas as economias nacionais numa rede ou sistema global (o mercado mundial, que se torna mais importante que os nacionais) impulsionada por novas tecnologias, notadamente pela telemática[22].

O economista, empresário e ex-assessor do governo japonês Kenechi Ohmae forneceu a sua versão dessa teoria nos livros *The borderless world* [*Um mundo sem fronteiras*], de 1990, e principalmente *The end of Nation State* [*O fim do Estado-nação*], de 1995. Sua ideia básica é que o mercado nacional com as suas "fronteiras" ou barreiras alfandegárias, com a sua moeda nacional e o seu "espaço econômico" (sobre o qual o Estado nacional exerce uma regulamentação, isto é, impõe regras), é algo cada vez menos importante na atualidade e, mais ainda, constitui um entrave ao progresso. O verdadeiro "motor" do desenvolvimento econômico hoje seria o que ele denomina "Estados-regiões", ou seja, economias regionais tais como a do norte da Itália, do alto Reno (região de Baden-Würtemberg), de Hong Kong/sul da China, da extremidade sul da península da Coreia, da região deTóquio e adjacências, de Osaka e região de Kansai, do estado de São Paulo, da *Bay Area* ao redor de San Francisco (Califórnia), a região francesa de Rhône-Alps (cujo centro é Lyon) etc.[23]

A economia global, segundo Ohmae, estaria alicerçada em quatro "is" – os investimentos (sistema financeiro), as indústrias (empresas, cada vez mais transnacionalizadas), as informações (tecnologias em rede: informática, telecomunicações etc.) e os indivíduos (consumidores). Esses quatro fatores seriam hoje em dia basicamente mundiais, móveis e até mesmo independentes dos governos nacionais. Como os mercados globais de todos esses "is" funcionariam perfeitamente por conta própria, o papel de "intermediários" dos Estados nacionais já se tornou obsoleto[24]. Mas o mundo pós-guerra fria, segundo o autor, ainda procura funcionar numa lógica já superada, aquela dos Estados regulamentando as suas economias (normalmente atrapalhando o dinamismo das principais regiões econômicas) e deliberando no cenário mundial por meio da ONU, da União Europeia ou do Nafta, algo que com o tempo será gradativamente demolido pela expansão do sistema global[25].

Os atuais mapas-múndi seriam uma "ilusão cartográfica" na visão de Kenechi Ohmae, pois ainda mostram a superfície terrestre dividida em centenas de Estados-nações com as suas fronteiras políticas. Só que esses mapas estariam deixando de mostrar o essencial, aquilo que move o mundo: os Estados-regiões que pouco têm a ver com essas fronteiras tradicionais. O correto seria mostrar, por exemplo, a Catalunha (e não a Espanha); ou a Liga Lombarda (centrada em Milão) e a região francesa do outro lado dos Alpes (centrada em Lyon), que funcionariam de forma integrada e quase que à margem das políticas de Roma ou de Paris; ou a região chinesa de Shenzhen (onde a renda *per capita* é de seis mil dólares), fortemente integrada a Hong Kong e com quase nada a ver com o restante da China (onde a renda *per capita* é de 320 dólares); ou então a região do "Triângulo do maior crescimento", no sudeste asiático, que integra ao redor do estreito de Málaca as regiões de Cingapura, Pucket (na Tailândia), Melan (na Indonésia) e Kenang (na Malásia)[26].

O que se advoga, evidentemente, é uma descentralização política, uma maior autonomia para as economias regionais. A política econômica centrada no Estado nacional seria apenas, em maior ou menor grau, um empecilho, uma burocracia que atrapalha o dinamismo dos Estados-regiões mais ricos sob o pretexto de "corrigir desequilíbrios". Ohmae argumenta que basicamente "Onde há prosperidade, a sua base é regional" – e não nacional. Duas regiões (a de Tóquio e a de Osaka) carregam ou sustentam todo o Japão – e o mesmo ocorreria com praticamente todos os países do globo, onde normalmente há uma (ou algumas) região(ões) dinâmicas(s) e inúmeras que vivem à custa dela(s)[27]. Inclusive, ele argumenta, as regiões estagnadas seriam beneficiadas por esse processo de esvaziamento do governo central e fortalecimento dos Estados-regiões, pois elas estariam acomodadas devido aos subsídios que recebem e com isso não se preocupam em mudar esse quadro. Mencionando o exemplo do Japão, Ohmae diz que existem no país 3.300 cidades (e municípios) e que a imensa maioria tem um orçamento desproporcional à base de arrecadação local, algo que só é possível pelos fundos redistribuídos por Tóquio. Com esse sistema, diz ele, gasta-se o dinheiro de forma normalmente perdulária, pagando altos salários para prefeitos e vereadores e investindo em obras inúteis (ou até contraprodutivas) do ponto de vista do bem-estar social ou da modernização da economia local[28]. Dessa forma, as "artérias econômicas" do Estado-nação estariam obstruídas e, para se corrigir isso, o governo central deveria ser mais liberal, menos intervencionista, deixando as regiões com maior autonomia de decisões, com a liberdade de fixarem a sua própria política econômica. É o que ele chama de "oscilação do pêndulo", uma nova forma de organização que "liberará energias" e deixará os verdadeiros impulsionadores da economia global – os Estados-regiões – mais livres dos entraves que dificultam a melhoria da qualidade de vida das pessoas comuns[29].

Um outro autor famosíssimo que vai nessa mesma direção de Ohmae, mas com importantes nuanças, é John Naisbitt, economista e administrador de empresas que se define como um "analista das tendências do mundo" e que constantemente profere palestras para líderes empresariais e políticos do mundo desenvolvido. Sua obra mais conhecida, *Global Paradox* [*Paradoxo global*], de 1994, foi traduzida e lida em praticamente todo o mundo, tendo recebido muitos elogios da grande imprensa. A ideia principal dessa obra é a seguinte: com a crescente interdependência ou globalização, paradoxalmente (isto é, ao contrário do que normalmente se imagina), não são os "grandes atores" que saem ganhando (as grandes empresas, os Estados nacionais imensos) e sim os pequenos (as pequenas e médias empresas, os Estados menores, os indivíduos). Nas suas palavras, até por volta dos anos 1980 as grandes empresas e os países com maior território e população levavam vantagem na competição econômica porque ainda prevalecia a "economia de escala". Mas a partir de então, com o fortalecimento do mercado global, os pequenos atores ganham na medida em que "o exercício do poder está mudando de vertical para horizontal, de uma forma hierárquica ou piramidal para uma forma de redes"[30].

As novas tecnologias e a globalização facilitariam a vida dos pequenos, pois o importante agora não é tanto o volume de capital e sim a velocidade, a flexibilidade, o que ele denomina "economia de escopo", que substituiria a economia de escala, e no qual o importante seriam as inovações constantes com vistas ao mercado. *Downsizing* [redução], reengenharia, organização em redes e empresa ou economia virtual ou "nova economia" – para Naisbitt, todas essas novidades indispensáveis dificultam a vida das grandes empresas que, para sobreviver, teriam que se dividir ou dar mais poder às filiais; a própria noção de matriz e filial estaria superada pela ideia de "empresas coligadas". Seria a "deseconomia de escala", termo originalmente usado para cidades ou regiões congestionadas, que chegou até o nível organizacional. Hoje em dia, ao contrário do passado, seria muito mais fácil para uma pequena empresa conseguir empréstimos, expandir-se para o exterior (os entraves burocráticos e a necessidade de volumosos capitais já não seriam tão importantes), obter informações de primeira mão, modernizar a sua tecnologia e reciclar-se para acompanhar ou (re)criar os mercados, pois haveria nela menos gigantismo e interesses corporativos atravancando as mudanças[31].

Naisbitt se considera um iconoclasta. Segundo ele, a imensa maioria das pessoas pensa, de forma coerente com a lógica econômica e política que prevaleceu até os anos 1980, que com o fortalecimento do mercado global as grandes empresas e os grande mercados regionais levarão vantagem. Sim, ainda existem grandes fusões ou compras de uma empresa por outra maior, ele admite. Mas por trás desses acontecimentos que chamam a atenção da mídia – as fusões e a aparente concentração dos mercados – existiria uma progressiva descentralização: para cada novo "gigante" que surge, milhares de pequenas e médias empresas estariam se multiplicando e expandindo a sua parcela do mercado.

Ele cita o exemplo dos Estados Unidos, onde as quinhentas maiores empresas representavam 20% da economia nacional em 1970 e somente 10% em 1993; e, ao contrário do passado, hoje mais da metade das exportações norte-americanas já seriam geradas por empresas médias ou pequenas, isto é, que empregam no máximo 19 funcionários[32]. Mais importante que as fusões, na sua opinião, seriam as "alianças estratégicas" ou os *joint-ventures*, nos quais as firmas trabalham em conjunto, com vistas a um projeto, mas mantêm a sua autonomia.

É na geografia política do mundo que Naisbitt assinala as mudanças mais inesperadas e radicais. Quando a ONU foi fundada, em 1945, contava com 51 membros, ele lembra; em 1960 já tinha cem Estados-nações; em 1984 eram 159 e em março de 1993 havia 184 países associados. Ao contrário de autores clássicos do século XIX (como Ratzel), que não acreditavam na viabilidade de "pequenos Estados" e imaginavam uma progressiva centralização político-territorial, com a existência no futuro de poucos ou apenas um imenso Estado, Naisbitt afirma que no final do século XIX teremos "mil países" na superfície terrestre[33]. Isso porque uma unidade político-territorial pequena seria mais eficaz na gestão da economia (menos burocracia e mais agilidade) e principalmente mais democrática, com maior participação do cidadão e a eliminação de inúmeros intermediários ou representantes. Ele não dá a mínima importância para a formação dos megablocos (União Europeia, Nafta, Mercosul etc.) – para as moedas únicas, a integração política ou as (emergentes?) confederações –, afirmando que isso tudo não passa de equívocos destinados ao fracasso. Governos centrais cada vez maiores são coisas do passado, conclui. O atual liberalismo econômico e político conduziria o mundo a uma fragmentação articulada, uma descentralização do poder econômico e do poder político.

Existe sem dúvida um projeto (ou ideal) político – e geopolítico – por trás da interpretação de Naisbitt. É uma leitura da democracia, tanto no âmbito organizacional quanto no espacial.

Primeiro, as clássicas noções políticas de direita e de esquerda estariam superadas. O dilema atual seria entre uma opção global e uma opção local ou tribal. "No velho mundo, você tinha de escolher entre esquerda e direita. No novo mundo, você escolhe o global ou o tribal – um e outro, e não um ou outro"[34]. Para ele o local não se define pelo lugar físico (a cidade ou o bairro) e sim pela identificação a uma tribo, que inclusive pode ter uma base espacial – o local de moradia (se houver identidades em comum, um senso de comunidade) – mas que se define cada vez mais em termos funcionais, profissionais (existiria a "tribo" dos físicos ou dos historiadores, por exemplo, que sempre se reúnem em congressos e dialogam entre si) ou até virtuais (a "tribo" dos frequentadores de um determinado *chat* na Internet, por exemplo). E os níveis global e local (ou tribal) não seriam excludentes ou competidores e sim complementares. O avanço do global acarreta uma multiplicação do tribal e não tanto (a não ser de forma redefinida, descentralizada) do que antes era conhecido como "nacional".

Segundo, a democracia nasceu originalmente antes de tudo como participação direta do cidadão na gestão da sua cidade – algo que hoje seria novamente permitido pelas redes de computadores. Por isso, no lugar do *slogan* ecologista "Pense globalmente, aja localmente", Naisbitt afirma que o correto seria "Pense localmente [como tribo] e aja globalmente [isto é, com toda a repercussão que as comunicações mundiais em rede permitem]"[35]. Mencionando o exemplo do município onde mora (Telluride, nos Estados Unidos) – no qual os cidadãos aboliram, segundo ele, a Câmara dos vereadores e a Prefeitura, e qualquer um pode propor uma questão a ser votada e todos decidem em conjunto –, Naisbitt diz que hoje existem condições para se caminhar novamente rumo à democracia direta, com os cidadãos abolindo os representantes e decidindo eles próprios a gestão da sua cidade[36]. Essa seria, na sua visão, a melhor forma para se resolver a "crise da política", na qual os líderes nacionais deixam de ter muita importância[37]. Dessa forma, tanto por razões econômicas (a necessidade de maior flexibilidade e agilidade) como políticas (a busca da democracia direta), as pequenas unidades político-territoriais seriam mais adequadas ao novo cenário mundial.

O grande problema dessa interpretação que pode ser vista como ultraliberal – não no sentido "neoliberal" do mercado decidindo tudo, mas sim pela percepção do que é ou deveria ser o indivíduo, o cidadão enfim, o único agente legítimo da política e inclusive da política econômica – é que ela omite as enormes desigualdades internacionais e também os conflitos entre os povos e Estados, ou seja, a questão da violência. Se o mundo todo fosse como os Estados Unidos ou a Europa Ocidental, talvez esse fascinante ideal tivesse alguma viabilidade. Afinal, ele pressupõe uma população mais ou menos homogênea (cultural e economicamente), que tenha um alto nível educacional e de consumo, inclusive com o acesso a tecnologias modernas. Mas como conciliar esse ideal com a dura realidade da enorme pobreza nos países subdesenvolvidos, com os choques culturais, com a marcante presença de elites conservadoras e que vivem em simbiose com as burocracias estatais? E como conciliar essa interpretação do enfraquecimento ou final do Estado-nação (tanto em Naisbitt quanto em Ohmae) com a presença ainda significativa do poderio militar e dos perigos – que infelizmente não acabaram – de guerras de conquistas ou de extermínios?

AS DISPARIDADES NORTE/SUL LEVAM A CONFLITOS?

Para alguns, o maior problema e a fonte mais importante de potenciais conflitos na nova ordem mundial é a crescente disparidade entre o Norte e o Sul, entre uma minoria de nações ricas e uma imensa maioria de países subdesenvolvidos. São vários os propagadores dessa ideia, desde marxistas até fundamentalistas de diversos matizes, passando inclusive por liberais.

Um dos mais importantes arautos dessa visão é o historiador inglês Paul Kennedy, um liberal de esquerda[38] radicado nos Estados Unidos desde 1983 e que em 1988 publicou a obra *Ascensão e queda das grandes potências*. Após escrever esse livro que já virou um clássico e que suscitou inúmeros debates, inclusive algumas ácidas críticas, Kennedy encetou uma análise prospectiva para o século XXI, procurando agora enfatizar não mais o poderio militar, tal como tinha feito no livro anterior, e sim os "novos desafios" do mundo neste século que se inicia: a "nova revolução industrial", com o aumento da produtividade e o desemprego em massa; a biotecnologia e seus problemas (e promessas); a "nova explosão demográfica"; a globalização (vista sob o prisma das telecomunicações e do sistema financeiro internacional); o enfraquecimento do Estado nacional; e os perigos para o meio ambiente global[39]. Se na obra anterior os conflitos mundiais eram vistos sempre sob a ótica das eventuais "grandes potências" – não por acaso, existe aí um diálogo com Mackinder –, agora a perspectiva é outra: o futuro da humanidade e o perigoso crescimento das desigualdades internacionais, em especial do abismo que separaria os Estados do Norte daqueles do Sul.

Kennedy não está tão preocupado em denunciar as desigualdades internacionais, algo que já foi realizado por uma imensa gama de autores e instituições[40], e sim em mostrar por que provavelmente elas vão se agravar no século XXI e quais são os perigos que isso acarreta. Ao analisar os grandes desafios que os povos enfrentam nesta virada de século, ele reiteradamente demonstra que praticamente todos eles contribuem de uma forma ou de outra para agravar essas disparidades entre o Norte e o Sul. O atual problema demográfico, diz ele, é antes de tudo dos países pobres, e uma de suas prováveis consequências, as migrações em massa para regiões ou países ricos, só vai produzir mais intolerância e racismo nestes últimos, criando um clima de discórdia. A nova revolução industrial e a robótica, continua, são impróprias para os países do Sul (que possuem alto crescimento demográfico e necessidade de preservar empregos, além de carência de capitais para as necessárias inovações tecnológicas) e no final das contas vão ampliar drasticamente a produtividade do trabalho nas economias desenvolvidas e com isso agravar as já colossais diferenças entre elas e o resto do mundo. E não esquecendo que os avanços na robótica tornam a força de trabalho desqualificada e com baixos salários, típica de áreas periféricas, algo obsoleto e no limite até desnecessário (uma vez que os robôs estariam sendo cada vez mais aperfeiçoados e barateados, o que conduziria a uma eliminação da importância do fator mão de obra barata), o que mais uma vez acentua os problemas dos países do Sul. A biotecnologia, por sua vez, irá diminuir radicalmente a necessidade de solos agriculturáveis ou de minérios e, com isso, tornar muitas economias subdesenvolvidas (aquelas que exportam matérias-primas) quase inúteis para o mercado mundial. E a expansão do sistema financeiro internacional implica novos e enormes perigos para as economias frágeis, pois elas podem ser arruinadas (ou terem as suas moedas desvalorizadas) do dia para a noite de acordo com os instáveis humores dos investidores dos países ricos. Isso sem contar com os avanços nas telecomunicações, que de acordo com Kennedy somente beneficiam uma minoria – os países ricos, que abrangem pouco mais de 10% da população mundial, e as elites minoritárias dos países pobres –, prejudicando a grande maioria da humanidade ao criar falsos consensos, ao divulgar um consumismo inacessível para as massas, ao destruir tradicionais valores de solidariedade[41].

Até na recente valorização da problemática ambiental o autor enxerga uma nova faceta dos conflitos entre o Norte e o Sul. Mencionando o exemplo da industrialização atual da China e da Índia, que estão se tornando os maiores emissores de dióxido de carbono (e de alguns outros gases nocivos) na atmosfera, o autor questiona se são justas as reclamações dos países ricos, que fizeram o mesmo no passado, e pergunta se esse não seria o preço a pagar para aumentar o PNB e os níveis de vida naqueles países[42]. O mesmo raciocínio é usado para questionar as pressões dos países ricos contra os desmatamentos na Amazônia, levando-se em conta que os norte-americanos e os europeus destruíram grande parte de suas florestas no século XIX e que atualmente um norte-americano consome em média 15 vezes mais energia do que um brasileiro[43]. Kennedy, contudo, não é um adepto do "progresso a qualquer preço", da desconsideração pela questão ambiental. Ele apenas, de forma coerente com a linha mestra que adotou nesse trabalho, fustiga a hipocrisia das autoridades dos países desenvolvidos, que não fazem a sua parte e estariam interessadas de fato em impedir que a sua atual supremacia fosse ameaçada por um desenvolvimento das economias periféricas.

Nas suas palavras:

> Isso nos leva de volta, mais uma vez, para a política, a cultura e as relações Norte-Sul (...) Como acontece com todos os assuntos correlatos discutidos neste livro, o aquecimento global nos obriga a enfrentar o problema de um mundo dividido em ricos e pobres (...) Como a fina película de vida da Terra é contínua e interligada, os danos causados à atmosfera nos trópicos poderão ter sérios efeitos em todo o planeta. A questão ambiental, como a ameaça da migração em massa, significa que – talvez pela primeira vez – o que o Sul faz pode prejudicar o Norte.[44]

É lógico que o autor não é um partidário da "guerra entre os mundos geoeconômicos", se é que isso seria possível, ou seja, do enfrentamento militar entre os Estados do Norte e os do Sul. Ele é mais um crítico da "inconfiabilidade do sistema" ou do mercado livre, e sugere reformas no sentido de regulamentar e dar mais confiabilidade ao sistema global[45]. Ele vê com uma certa desconfiança a globalização com o enfraquecimento dos Estados nacionais – já que isso agravaria as desigualdades e tornaria o mundo mais instável –, e termina o livro fazendo um apelo às lideranças políticas no sentido de realizar profundas reformas: na expansão da educação, da pesquisa tecnológica e em especial da posição das mulheres nos países pobres, nas negociações internacionais – que devem ser mais democráticas e sensíveis à diminuição das desigualdades – a respeito do aquecimento global, da regulamentação do sistema financeiro internacional, do crescimento demográfico e das migrações. Apesar de ser um típico *scholar* anglo-saxônico preocupado em fundamentar suas afirmativas e evitar uma visível tomada de posição política, Kennedy conclui num tom alarmista que:

> É claro que com o desaparecimento da guerra fria enfrentamos não uma "nova ordem mundial" [pacífica] e sim um planeta conturbado e fraturado, cujos problemas merecem a atenção séria dos políticos e dos povos (...) Se tais desafios não forem enfrentados, a humanidade só poderá culpar a si mesma pelas perturbações e pelos desastres que podem estar à nossa espera.[46]

O principal reparo que se pode fazer a esse tipo de interpretação que vê na nova ordem, em especial na globalização, um agravamento constante da pobreza e das desigualdades internacionais, é o seu alto nível de generalização. Norte e principalmente Sul são duas noções geoeconômicas demasiado genéricas, que se tornaram populares na mídia a partir dos anos 1980, mas que não fornecem uma ideia precisa de como o mundo se divide sob o ponto de vista da geração de riquezas. Elas são úteis sim, em especial para o grande público e para alunos de nível elementar ou médio, pois afinal de contas a generalização do real é necessária em certos casos. Mas do ponto de vista científico, em especial quando se quer encontrar atores no cenário mundial, ou mesmo quando se quer conhecer mais profundamente as desigualdades internacionais, essas noções pouco ajudam.

Seria possível, por exemplo, colocar num mesmo grupo – o chamado Sul – a Nicarágua e o Haiti juntos com Cingapura ou com a Coreia do Sul? Ou Moçambique e Tanzânia juntos com o México e o Brasil? Será que não existem algumas economias do Sul que estão se saindo bem nessa nova fase de globalização e revolução técnico-científica? Pode-se realmente dizer, sem cair num discurso meramente panfletário, que a pobreza ou a miséria que existem em inúmeras regiões do mundo foram de fato produzidas (ou necessariamente estão sendo agravadas) pela globalização? E existe algum ator ou grupo denominado Sul que atua em conjunto nas discussões internacionais sobre o meio ambiente, sobre o Conselho de Segurança da ONU ou sobre o sistema financeiro mundial? É evidente que não. De acordo com cada assunto, os grupos em oposição se redefinem. Quando se trata de reformular a ONU e principalmente o seu Conselho de Segurança, de um lado costumam estar Brasil e Índia (pleiteando a entrada de novos membros permanentes, ou seja, eles próprios) e de outro lado (entre os Estados que descartam essa alteração) normalmente estão a China e até a Argentina. E quando se trata de valorizar a biodiversidade – isto é, as florestas tropicais – de um lado estão *determinados países* que possuem uma megadiversidade biológica (Brasil, Costa Rica e alguns outros), mas não todos os países subdesenvolvidos (sequer a maioria), e do outro lado certas economias que dominam amplamente a biotecnologia (notadamente os Estados Unidos), mas nunca um "Norte" coeso.

OS CHOQUES CULTURAIS MARCARÃO O SÉCULO XXI?

HUNTINGTON E O NOVO PARADIGMA

Samuel P. Huntington, diretor do Instituto de Estudos Estratégicos de Harvard e professor de relações internacionais, além de conhecido estrategista da época da Guerra do Vietnã (ele propôs em 1969 uma "urbanização forçada" da população sul-vietnamita como forma de combater os guerrilheiros e o apoio popular a eles, que era maior no campo que nas cidades), provocou um grande alvoroço em 1993 quando publicou na revista *Foreign Affairs* um ensaio intitulado "Choque das civilizações?" O artigo inaugurou uma nova interpretação sobre a geopolítica mundial e logo foi traduzido em quase todo o mundo, suscitando uma onda de discussões.

A ideia fundamental desse ensaio é simples: no mundo pós-guerra fria os conflitos não são mais ideológicos (capitalismo *versus* socialismo) e nem mesmo econômicos como apregoavam vários autores (EUA *versus* Europa *versus* Japão, ou o Norte *versus* o Sul, ou ainda as disputas entre os "blocos regionais"), mas fundamentalmente culturais: a civilização ocidental contra a islâmica, esta contra a hinduísta, esta contra a chinesa-confuciana etc. Nas suas palavras:

> Minha tese é a de que a fonte fundamental de conflito nesse novo mundo não será essencialmente ideológica nem econômica. As grandes divisões na humanidade e a fonte predominante de conflito serão de ordem cultural. As nações-Estado continuarão a ser os agentes mais poderosos nos acontecimentos globais,

> mas os principais conflitos ocorrerão entre nações e grupos de diferentes civilizações. O choque de civilizações dominará a política global. As linhas de cisão entre as civilizações serão as linhas de batalha do futuro.[1]

Baseado em autores como Arnold Toynbee, para quem a história da humanidade sempre foi antes de tudo uma "história das civilizações" – além, evidentemente, de ver sob essa ótica determinados acontecimentos recentes que evidenciam conflitos culturais (os genocídios e as lutas na ex-Iugoslávia, a reação de simpatia dos povos árabes para com o Iraque na guerra do Golfo etc.) –, Huntington criou o que considerou um "novo paradigma" para explicar os conflitos pós-guerra fria. Ele argumentou que os paradigmas existentes eram insuficientes para explicar os novos acontecimentos, ou seja, os povos já não se agrupariam mais – a não ser muito parcialmente – em ricos e pobres, democráticos e não democráticos, blocos capitalista ou comunista, Terceiro Mundo etc., havendo então a necessidade de se criar uma nova diferenciação no mapa-múndi[2].

Mas o que é uma civilização? E quais são as que desempenhariam um importante papel nessa nova ordem mundial que nasceu das ruínas da bipolaridade? Huntington define civilização como a identidade cultural mais ampla de um povo: um inglês e um irlandês podem ter diferenças ou tensões culturais, mas eles se identificam como europeus e, no limite, como ocidentais. E um morador de Roma pode se definir como romano, italiano, católico, cristão, europeu e, no limite, ocidental. Além da civilização, para o autor, existiria somente a espécie humana. Citando Toynbee, que identificou 21 grandes civilizações na história, Huntington afirma que poucas delas ainda existem nos dias atuais: a ocidental, a islâmica, a hindu, a eslava ortodoxa, a latino-americana, a japonesa, a confuciana e, possivelmente, a africana.

Somente nos últimos três ou quatro séculos, desde a paz de Westfália até o final da guerra fria, é que a humanidade teria vivido num padrão ocidental de história (baseado nos conflitos entre reis e depois nações, entre interesses econômicos e ideológicos), tendo deixado, temporariamente, o seu padrão normal que consistiria na predominância dos conflitos civilizacionais. Terminada a fase da guerra fria, a última desse padrão ocidental, devido a um declínio relativo do Ocidente (ou uma nova ascensão de civilizações que voltam a emular com ele: a islâmica, a chinesa-confuciana etc.), então as coisas estariam voltando ao "normal". O que importa de fato para as pessoas, afirma Huntington, é a família, a fé, as crenças – "por cultura é que se morre"[3] – e, assim sendo, o choque de civilizações seria a abordagem que melhor explicaria os conflitos mundiais dos anos 1990 e do século XXI.

O mundo das civilizações segundo Huntington

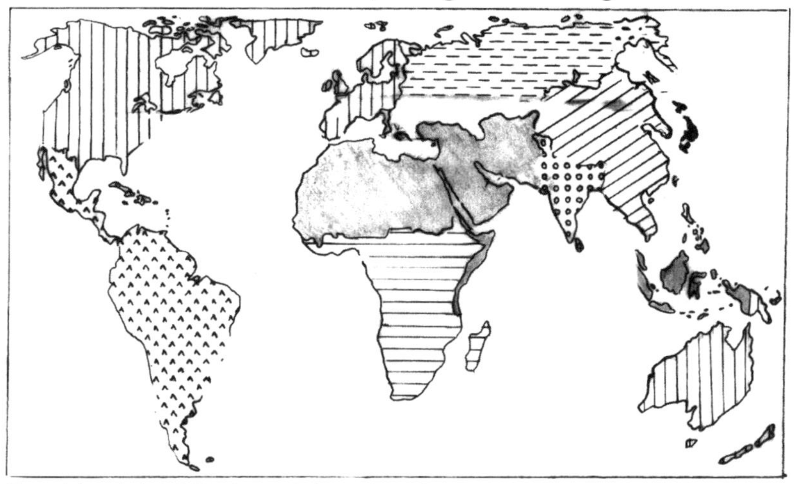

Fonte: Adaptado de S. P. Huntington, *O choque das civilizações*, pp. 26-27.

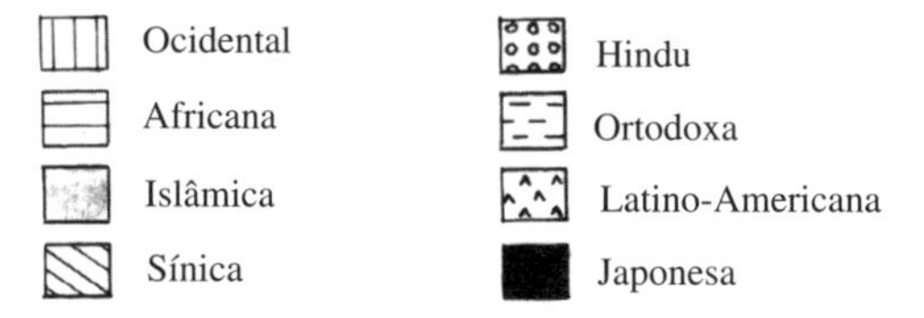

Uma noção fundamental nessa interpretação é a de "linhas de cisão entre as civilizações", que seriam as áreas do globo onde os choques ocorreriam com maior intensidade. Elas podem ser vistas como "áreas fronteiriças" (no sentido de fronteira ou zona de contato cultural, e não necessariamente de fronteira política), ou seja, locais onde há uma significativa presença de civilizações diferentes e ocorre uma "luta pelo controle do território de cada um"[4].

A Bósnia-Hezergovina e o Kosovo são vistas por ele como áreas localizadas exatamente em linhas de cisão: na Bósnia ocorreria uma disputa entre grupos ocidentais (os croatas), islâmicos (os bósnios) e eslavos ortodoxos (os sérvios); e no Kosovo haveria uma disputa entre islâmicos (os kosovares) e eslavos ortodoxos (os sérvios).

O ESTADO CIVILIZACIONAL NÚCLEO

Em 1996, Huntington publicou um volumoso livro, que é essencialmente uma tentativa de fundamentar melhor – e retrabalhar certos aspectos da – sua interpretação do choque de civilizações. Alguns novos temas são desenvolvidos nessa obra, notadamente o de ordem multipolar e multicivilizacional, de Estado-núcleo e da sobrevivência do Ocidente e em particular da liderança norte-americana.

Ele define a nova ordem mundial como "multipolar e multicivilizacional". Isso significa, por um lado, que os centros mundiais de poder ainda são Estados, e estes atuam, diz ele – de forma coerente com o chamado realismo –, "pela busca de poder e riqueza"; mas, por outro lado, os agrupamentos mais importantes de Estados são as sete ou oito grandes civilizações que existem no globo[5]. Isso porque os conflitos ou as guerras intracivilizações – ele menciona os choques de clãs na Somália e de tribos em Ruanda – teriam uma importância somente regional, ao passo que os conflitos intercivilizações – aí ele menciona os choques na Bósnia, na Ásia central e na Caxemira – são os mais perigosos e que têm uma repercussão global.

O conceito de "Estado-núcleo de uma civilização" seria uma categoria nova de poder, diferente das superpotências da guerra fria e das grandes potências, normalmente ocidentais, dos últimos séculos. Huntington afirma que as civilizações são como famílias e os Estados-núcleos representam o chefe, o líder dos demais Estados daquele "bloco civilizacional", que o veem como um parente cuja liderança proporciona a eles apoio e disciplina[6]. Quando uma civilização carece de um Estado-núcleo (tal como ocorreria hoje com a africana, com a islâmica e com a latino-americana), existem maiores problemas em criar ordem no seio delas e também em resolver disputas entre os seus Estados e outros de civilizações diferentes. Os Estados-núcleos, assim, teriam um importante papel de mediadores nos conflitos mundiais. E encontrar esses líderes para as mencionadas civilizações que ainda não os têm seria algo imprescindível para manter a paz internacional.

O caso mais problemático a esse respeito seria o do mundo islâmico, um bloco civilizacional em emergência e que, segundo o autor, "tem percepção [de si] mas não coesão". O Islão está dividido em centros de poder competitivos (Arábia Saudita, Irã, Iraque, Paquistão, Egito, Líbia e provavelmente a Turquia), cada um tentando capitalizar a identificação muçulmana com a *ummah* ou civilização islâmica como um todo. Após fazer um balanço dos prós e contras de cada um desses candidatos potenciais a Estado-núcleo islâmico, Huntington não esconde a sua preferência pela Turquia, que a seu ver (para horror das lideranças turcas, que estão prestes a conseguir o tão sonhado ingresso do país na União Europeia) deveria se redefinir, abandonando o seu caráter de Estado laico ou secular, algo que impede que ela volte a desempenhar o seu papel de liderança no mundo muçulmano, e também "abandonar o seu papel frustrante e humilhante de mendiga que implora para ser admitida no Ocidente"[7].

Quanto às demais grandes civilizações, os problemas de disputas por liderança seriam bem menores. A Rússia é vista como um Estado dividido, mas também como o líder inquestionável da civilização eslava ortodoxa. E a China é a líder inconteste da civilização confuciana ou sínica, assim como a Índia é o Estado-núcleo da civilização hinduísta. Já o Ocidente tem dois polos – Estados Unidos e União Europeia –, mas que tendem a se alinhar por meio da OTAN (que, na sua visão, deveria incorporar somente as nações europeias não ortodoxas, isto é, com cultura ocidental). E as civilizações latino-americana e africana não têm Estados-núcleos mas não enfrentam conflitos com outras civilizações (com exceção da africana, que reage à expansão islâmica no continente), são relativamente frágeis do ponto de vista de percepção e tendem a se colocar como dependentes do Ocidente.

Esquema do alinhamento das civilizações segundo Huntington:

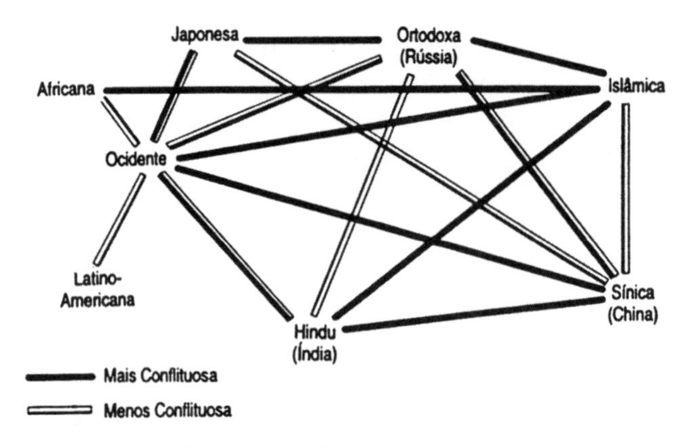

Fonte: Samuel P. Huntington. *O choque de civilizações*, p. 310.

QUAL SERIA O PAPEL DOS ESTADOS UNIDOS?

A grande preocupação de Huntington é com o que chama "declínio do Ocidente" e com o papel que os Estados Unidos deveriam desempenhar nessa nova ordem multipolar e multicivilizacional. Ele afirma que o Ocidente já atingiu o seu auge, e atualmente possui um domínio absoluto sobre uma série de setores mundialmente poderosos: o sistema bancário e as moedas fortes, grande parte da produção industrial, o acesso ao espaço, os meios de comunicações internacionais, a indústria de armamentos de alta tecnologia etc. Mas estaria ocorrendo um declínio "gradual e inexorável" do poder relativo do Ocidente ante o resto do mundo. O autor menciona que, do ponto de vista territorial, o Ocidente governava cerca de 66 milhões de quilômetros quadrados em 1920, ou cerca de metade das terras continentais do globo, sendo que hoje essa área seria de 32,8 milhões de quilômetros quadrados. Em 1900, continua ele, os ocidentais representavam cerca de 30% da população mundial e governavam outros 45%, ao passo que hoje eles somam pouco mais de 13% desse efetivo demográfico planetário. Menciona ainda que a parcela ocidental do produto econômico mundial vem declinando visivelmente após a Segunda Guerra Mundial: ela representava 84% do total em 1920 e cerca de 57% em 1980. E, por fim, ele argumenta que o poderio militar do Ocidente, apesar de não enfrentar sérios adversários até "as próximas décadas", também vem conhecendo um declínio relativo: os efetivos militares ocidentais representariam 48% do total mundial em 1920 e somente 21% em 1991[8].

As conclusões pragmáticas que Huntington tira da sua interpretação sobre a nova ordem mundial são surpreendentes: em primeiro lugar os Estados Unidos e a Europa têm de se manter unidos, ou então "serão destruídos separadamente"[9]. Isso porque, nas suas palavras, são os choques de civilizações – e não as disputas comerciais ou econômicas – que representavam a maior ameaça à paz mundial no século XXI. Inclusive o autor só acredita no sucesso de "mercados regionais" se eles forem alicerçados em laços culturais em comum, tal como ocorre, segundo ele, na União Europeia. Em segundo lugar – daí esta interpretação huntingtoniana ser na prática um contraponto às teorias sobre o "fim da história" que dão ao capitalismo ocidental e à democracia liberal vitória definitiva –, os Estados Unidos ou a OTAN deveriam deixar de se envolver em conflitos que ocorrem em outras civilizações. Huntington não acredita na expansão da democracia para todas as civilizações:

> O conceito de uma civilização universal é um nítido produto da civilização ocidental, que no século XIX ajudou a justificar o "fardo do homem branco", a expansão sobre as culturas não ocidentais; e no final do século XX o universalismo é a ideologia do Ocidente para confrontar outras sociedades, para justificar o seu predomínio cultural.[10]

Huntington propõe então uma atuação "realista" (termo que ele gosta de enfatizar), na política externa norte-americana. Nada de se envolver em guerras alheias, isto é, de outras civilizações, mesmo que seja em nome dos "direitos humanos". Isso é o que ele chama de "regra de abstenção", ou seja, uma potência como os Estados Unidos, que é Ocidental, deveria se abster de intervir em conflitos de outras civilizações. Esse seria o primeiro requisito para a paz nesse mundo multipolar e multicivilizacional. E a segunda regra seria a da "mediação conjunta", ou seja, os Estados-núcleos deveriam negociar entre si para conter as guerras que ocorrem nas linhas de cisão entre essas civilizações. O autor até sugere que não se deve impedir a Rússia de dominar os países eslavos ortodoxos da Europa (e, inversamente, a Rússia não deveria se opor à expansão da OTAN até os países da ex-Europa Oriental que têm uma cultura ocidental), e que não se deve intervir no desejo da China de anexar Taiwan e outras áreas, e isso tudo sem manifestar a menor preocupação com o ponto de vista das populações que vivem nessas áreas! Um conselho sem dúvida "realista", de quem acredita que é "inútil e até arrogante" tentar impedir a China de cumprir o seu "destino" de dominar a Ásia oriental[11].

AS INSUFICIÊNCIAS DA *REALPOLITIK* CULTURALISTA

Deixando-se de lado a (problemática) discussão sobre os fatos – "as guerras da Bósnia ou do Kosovo teriam realmente sido conflitos culturais?"; "as grandes ameaças para a paz mundial consistem de fato nas linhas de cisão entre o Ocidente e o islamismo, ou entre este e a civilização hinduísta?" –, a principal crítica que se pode fazer a essa *realpolitik* culturalista de Huntington é que ela legitima uma espécie de "desconsideração pelos direitos humanos" em culturas não ocidentais. Uma política externa baseada nessa teoria, que é exatamente o que Huntington sugere para os Estados Unidos, seria na prática o abandono de qualquer universalismo (por exemplo, da "democracia como valor universal") e uma espécie de "partilha do planeta" entre meia dúzia de Estados-núcleos, cada um podendo fazer o que bem entender na sua zona de influência.

Como entender e apoiar, desse ponto de vista, as lutas das mulheres no Egito e no Irã, que pleiteiam uma maior igualdade com os homens e provavelmente constituem nos dias de hoje a principal oposição à tradição autoritária? E como encarar a aspiração da imensa maioria da população de Taiwan, que, como demonstraram várias pesquisas de opinião, não querem de maneira alguma se unir com a China? E como enfrentar o legítimo desejo das lideranças e da intelectualidade turca, de deixarem definitivamente para trás o seu radicalismo muçulmano e tornarem-se parte da Europa e do Ocidente?

Um acadêmico e assessor do governo japonês, também especialista em relações internacionais, criticou essa *realpolitik* huntingtoniana afirmando que:

> O recuo do Ocidente não é universalmente bem recebido. Uma retirada súbita do apoio dos Estados Unidos a aliados do Oriente Médio e do Pacífico, ainda que improvável, poderia provocar enormes mudanças que não agradariam a ninguém. O recuo do Ocidente pode ser tão danoso quanto a dominação ocidental (...) O Ocidente ainda é o repositório dos maiores trunfos e realizações da civilização humana. Muitos valores ocidentais explicam o avanço espetacular da humanidade: a crença na investigação científica, a busca de soluções racionais e o desejo de desafiar premissas. Mas a crença (...) pode conduzir a uma cegueira: a incapacidade de perceber que alguns dos valores que vêm com esse pacote podem ser nocivos. Mas é preciso estar fora do Ocidente para perceber claramente isso e para ver como o Ocidente está fazendo o seu próprio declínio relativo. Huntington também está cego para isso.[12]

Também um especialista em estudos do Oriente Médio, fazendo coro aos críticos dessa *realpolitik*, assinalou que

> Huntington subestimou a força da modernidade e do secularismo em lugares que seguiram esse caminho com muitas dificuldades. Do seu ponto de vista, fenômenos como a "hinduização" da Índia ou o fundamentalismo islâmico venceram. Mas a herança do secularismo indiano prevalecerá. E o fenômeno que chamamos de fundamentalismo islâmico é menos um sinal de ressurgimento que de pânico, espanto e culpa pelo fato de a fronteira com os "outros" ter sido cruzada (...) Na Argélia e no Egito se trava uma batalha entre os poderes seculares e uma alternativa islâmica. Mas não devemos nos apressar em publicar o necrológio daqueles Estados (...) A Turquia também não vai mudar de rumo, virar as costas para a Europa e perseguir uma tentação imperial nos domínios ressequidos da Ásia Central. Huntington vende barato a modernidade e o secularismo daquele país.[13]

E, finalmente, um dissidente chinês foi enfático ao afirmar:

É irônico que Huntington vislumbre um confucionismo ressurgente no exato momento em que a deterioração moral e espiritual corrói as fundações culturais da China. Os 47 anos de regime comunista destruíram a religião, a educação, o império da lei e a moralidade (...) O século XXI na realidade será uma era em que, através da interação e do consenso, as civilizações poderão se fundir, ajudando os povos a (...) livrarem-se da pobreza e da escravidão, transformando pessoas subjugadas em seres humanos. Isso vai exigir o que há de melhor em cada uma das civilizações, e não que se enfatizem as diferenças entre elas.[14]

A DEMOCRACIA LIBERAL TENDE A DOMINAR TODO O MUNDO?

FUKUYAMA E A FASE PÓS-HISTÓRICA

Francis Fukuyama, funcionário público do Departamento de Estado norte-americano, escreveu em outubro de 1989 um artigo – "The end of History?" [O fim da História?] – que desencadeou um intenso debate em todo o mundo e implica uma nova visão geopolítica[1]. No exato momento da queda do muro de Berlim, Fukuyama retoma a questão do fim da História, tematizada primeiro por Hegel – ou pelo menos pelo Hegel kojeveano[2]– e depois por Marx. Fim da história, segundo Fukuyama, não quer dizer o fim dos eventos – isto é, das guerras, dos conflitos violentos, dos choques econômicos, culturais ou militares –, e sim a chegada ao seu "destino teleológico", a um modelo societário que representaria o estágio final da humanidade. Esse modelo ou estágio final seria a democracia liberal, que teria se tornado a única alternativa política após o fracasso do marxismo-leninismo. Nas suas palavras:

> O que testemunhamos [a perestroika e o colapso da URSS, a queda do muro de Berlim] não é apenas o final da guerra fria, mas o fim da história como tal, ou seja, o ponto final na evolução ideológica da humanidade e a universalização da democracia liberal ocidental como a forma final do governo humano.[3]

Fukuyama assinala que essa ideia de fim da história liga-se a um entendimento, que seria parte da nossa bagagem intelectual, segundo o qual a história da humanidade consistiria numa progressão de etapas ou estágios – as comunidades primitivas, as sociedades tribais, o escravagismo, as teocracias etc. – até chegar à fase democrática-igualitária, que hoje se confundiria mesmo com a ideia de Homem[4]. Seria a vitória da racionalidade, a chegada da história ao seu "momento absoluto", algo que, segundo ele, mesmo desagradando aos relativistas, seria verdadeiro[5]. Hegel teria proclamado o fim da história em 1806, acreditando que os ideais das revoluções francesa e americana seriam a culminação da evolução ideológica (no sentido de ideias, entendimentos) da humanidade. Mas desde então essa interpretação idealista, que Fukuyama julga ser no final das contas correta, teria sido desafiada por uma visão materialista segundo a qual seriam as forças produtivas ou materiais da humanidade que determinariam a evolução histórica. Mas essa visão iniciada por Marx teria sido agora derrotada, pois o fracasso das economias planificadas e o colapso do mundo socialista, segundo ele, não teriam sido ocasionadas por razões materiais, ao contrário do que muitos pensam, e sim pela vitória da "vida protestante" (no sentido dado por Weber: a ética protestante como impulsionadora do desenvolvimento capitalista) na consciência das elites desses países[6]. Fukuyama lembra ainda do sucesso do Japão e dos NICS (*newly industrializing countries*) na Ásia, afirmando que isso se deveu à adoção do liberalismo econômico seguido pelo político, no que ele enxerga mais uma vitória do "Estado universal homogêneo" hegeliano, no sentido de haver somente um modelo racional possível para o futuro.

Todavia, existiriam ainda dois importantes desafios ou "contradições" da democracia liberal. O primeiro seria o fundamentalismo religioso, que ofereceria uma alternativa tradicionalista à democracia liberal – o Estado teocrático –, mas que atrairia pouca gente fora de alguns círculos islâmicos. E o segundo seria o nacionalismo e outras formas de consciência étnica, ainda fortíssimo no Terceiro Mundo, mas que talvez não seja totalmente irreconciliável com o liberalismo. E quais seriam as implicações desse final da história para as relações de poder no espaço mundial? Basicamente, diz Fukuyama, podemos firmemente questionar a popular teoria realista, derivada de Hobbes, que afirma que a agressão e a insegurança fazem parte da natureza humana e os conflitos entre Estados, cada um defendendo os seus próprios interesses, é algo normal e até inerente às relações internacionais. Ele diz que isso só é verdade quando há embates ideológicos e expansionismos, algo que deixaria de existir com o avançar da democracia liberal. O imperialismo das grandes potências e a crença na legitimidade do uso da força contra o estrangeiro, afirma, já não têm sentido com a progressiva uniformização dos regimes políticos (e econômicos), com a expansão do liberalismo. O grande perigo neste mundo pós-histórico seria a nostalgia do tempo em que a história existia, que pode conduzir a uma volta ao passado: ao em vez de relações internacionais calcadas no idealismo e na imaginação, a insistência no calculismo, na competição e no conflito, que podem "fazer a história recomeçar novamente"[7].

Três anos depois desse artigo, Fukuyama publica um livro em que desenvolve mais longamente a sua interpretação do mundo pós-histórico. Apesar de afirmar que essa obra não é uma extensão do artigo de 1989, na realidade ele tão somente reafirma com inúmeros detalhes essa ideia do fim da história, acrescentando agora um diálogo crítico com Nietzsche, que teria admitido essa possibilidade e concluído uma outra complementar, a do "último homem", que Fukuyama agora incorpora à sua maneira. Ele argumenta que a maior parte dos críticos não entendeu o seu texto, pois confundiu a história (em minúscula, algo que diria respeito aos eventos) com a História (em maiúscula, algo que se refere a um sentido teleológico) e reafirmou por diversas maneiras que a história como eventos continua – as guerras, os conflitos, as injustiças, as desigualdades etc. –, o que absolutamente não desmentiria a sua interpretação. Pois a História, a progressão direcional da evolução humana, essa sim teria se completado com a disseminação do "mercado livre" e a universalização da democracia liberal[8].

Não seriam apenas os acontecimentos de 1989-1991 – isto é, a crise do "mundo socialista" – que comprovariam a chegada da História ao seu destino, mas também os séculos anteriores. Até a ciência moderna, na visão de Fukuyama, "parece ditar uma evolução universal em direção ao capitalismo"[9]. Num capítulo intitulado "A revolução liberal mundial", ele faz um levantamento sobre quantos Estados adotam a democracia liberal: seriam somente três em 1790, 13 em 1940, trinta em 1975 e 61 em 1990; na década de 1970 as ditaduras foram derrubadas do poder na Europa, afirma; na de 1980 ocorreu uma crise do autoritarismo na América Latina, em 1986 a ditadura Marcos foi derrubada nas Filipinas e nesse mesmo ano o general Shun deixava o poder na Coreia do Sul; isso tudo mostraria que os regimes autoritários foram alijados pela ideia de democracia[10]. Como o "desejo de reconhecimento" seria a força motora da História, segundo a dialética do senhor e do escravo de Hegel, a guerra também seria basicamente ocasionada pelo desejo de reconhecimento e, com a universalização do liberalismo, "um mundo feito de democracias liberais teria então menor incentivo para as guerras"[11]. A partir daí, o autor enceta um diálogo com a ideia do "último Homem" – isto é, o homem "com peito", agressivo, guerreiro, que luta por uma causa –, que adviria com o final da História, pois com a universalização do Estado liberal, com o final das alternativas ideológicas, "os homens já não teriam causas por que lutar"[12]. Nietzsche, segundo Fukuyama, teria considerado medíocre esse "novo homem" (ou pós-homem) que nasceria com o final da História, já que ele teria uma educação relativista e se contentaria em ficar em casa, congratulando-se por sua liberdade e falta de fanatismos; mas Fukuyama discorda dessa visão pessimista da pós-História, afirmando que essa identificação do Homem com as lutas é uma dispensável herança hobbesiana e que existiriam "novos desafios" a serem enfrentados após o final da História.

Quais seriam exatamente esses "novos desafios" é um tema que Fukuyama pouco desenvolve nesse livro, deixando para um estudo posterior. Neste, ele argumenta que os seres humanos são *por natureza* criaturas sociais e morais, e que o "estado de guerra" descrito por Hobbes é falso; mas a atual evolução tecnológica (especialmente por meio da mídia, da Internet e da desindustrialização) estaria desestabilizando a ordem social e o grande desafio para a democracia liberal vitoriosa seria o de reconstituir essa ordem[13]. Problemas como a criminalidade em expansão, o declínio das relações familiares, o aumento da desconfiança, a cultura individualista e a falta de respeito às regras, a desordem social enfim, estariam solapando a base do "capital social" das nações desenvolvidas, algo perigoso para o futuro da democracia liberal. A história, assim sendo, teria dois processos paralelos: a esfera política e econômica, progressiva e direcional, que chegou ao seu extremo com a vitória da democracia liberal como a única alternativa viável para as sociedades avançadas; e a esfera social e moral, na qual o processo parece ser cíclico, com rupturas e reconstituições sucessivas da ordem social, e hoje estaríamos vivendo num ciclo de ruptura[14].

Sob o ponto de vista geopolítico, a questão essencial por trás dessa interpretação de Fukuyama não é se chegamos ao "fim da História", mas sim se a democracia e os direitos humanos são – ou estão se tornando – universais, e se em seu nome é possível intervir no estrangeiro e legitimar uma nova estratégia nas relações internacionais. A discussão teórica de Fukuyama sobre o "fim da História", suas leituras de Hegel, Hobbes e Nietzsche, como demonstraram vários especialistas[15], é no mínimo empobrecedora – e talvez até medíocre. Mas Fukuyama, assim como ocorreu com Kjellén e com Haushofer, foi promovido pelas circunstâncias. Em primeiro lugar, ele se encontrava lotado no Departamento de Estado, em Washington, e muitos viram – com um evidente exagero – nesse seu artigo de 1989 uma "interpretação oficial" do governo norte-americano. Em segundo lugar, e de forma complementar, o seu artigo foi publicado num momento em que o então novo presidente dos Estados Unidos, George Bush, falava na "construção de uma nova ordem mundial alicerçada na cooperação internacional, na não agressão, no final da ameaça do terror e na busca da justiça"[16]. E logo a seguir, em 1991 (guerra do Golfo) e nos anos seguintes (Somália e Ruanda em 1992, Bósnia em 1993 etc.), as tropas dos Estados Unidos e/ou as da ONU intervieram em algumas partes do globo sob o pretexto de "promover a paz e defender os direitos humanos". Isso tudo fez com que esse simplório artigo de Fukuyama – e aquele mencionado livro de 1992 – fosse discutido em quase todo o mundo, como um ponto de partida para se indagar a respeito da nova era das relações internacionais após o final da bipolaridade e da guerra fria.

A DEMOCRACIA E OS DIREITOS HUMANOS SÃO UNIVERSAIS?

A democracia ocidental moderna, nascida com as revoluções americana e francesa e cuja base são os direitos do homem ou do cidadão, pode de fato ser implementada em todo o mundo? Ela seria um "valor universal" acima não apenas das diferenças econômico-sociais, como já foi amplamente demonstrado, mas também acima das diferenças culturais ou de civilizações? Não seria, como afirmou Huntington (e vários outros), somente uma estratégia das potências ocidentais para impor o seu domínio sobre outros povos?

O historiador e filósofo indiano Raimond Panikkar, que já havia procurado responder a essa interrogação muito antes do final da guerra fria, afirma que sim e não. Numa cultura como a dele, a indiana, a própria ideia de "direitos do homem" – isto é, apenas da humanidade – não teria muito sentido na medida em que se acredita que todos os seres dotados de sensibilidade (animais, árvores etc.) também deveriam ter os seus direitos[17]. Mas isso não quer dizer que não exista nessa cultura, e em outras, algo equivalente ou *homeoformo* à noção ocidental de democracia. A homeomoformia, adverte ele, não consiste numa simples analogia e sim numa *equilavência funcional*, o que significa algo diferente mas com uma espécie de papel ou função em comum. Ele exemplifica com os "direitos do homem", que nasceram no Ocidente a partir de lutas pelos direitos dos cidadãos e que têm séculos: lutas contra privilégios, contra autoridades e inclusive contra uma certa visão religiosa. Toda essa contextualização, assim como a valorização do individualismo embutida na concepção ocidental de democracia, ele argumenta, certamente que *não é universal*[18]. Na realidade, não existiria nenhum valor transcendental à pluralidade das culturas, pela simples razão de que um valor só existe como tal num determinado contexto cultural[19]. Mas na cultura indiana haveria algo mais ou menos equivalente à noção ocidental de "direitos do homem". Seria o *dhamma* ou *darma*, que pode ser definido como o que mantém unido o mundo, a ordem da realidade; mas o seu ponto de partida não é o indivíduo ou cidadão e sim a totalidade do real, sendo que os "direitos" das pessoas consistem em "encontrar o seu lugar na sociedade, no cosmos, assim como no mundo transcendente"[20]. Assim sendo, seria possível uma democracia na Índia, mas não exatamente igual à dos Estados Unidos ou do Reino Unido; ela teria de levar em conta a relatividade do indivíduo, a predominância da coletividade e até a existência das castas.

Apesar disso, Panikkar conclui que o mundo não deve renunciar a colocar em prática a Declaração Universal dos Direitos do Homem, aprovada em 1948 pela Assembleia Geral da ONU. Com a ressalva de que a imposição desses direitos pode até, em alguns casos, se transformar num cavalo de Troia que vai abrir caminho para a dominação internacional, ele afirma que na arena política contemporânea a defesa desses direitos é uma necessidade que se impõe para diminuir os conflitos e construir um mundo com maior cooperação e civilidade[21]. Admitindo que o mundo hoje "é cada vez menor, mais unificado", ele advoga a permanência do pluralismo cultural e especula se essa noção ocidental e antropocêntrica de democracia não poderia afinal ser fecundada pelo diálogo com outras culturas, pela incorporação da valorização do cosmos e da natureza.

Seja a democracia ocidental ou não, é inegável que praticamente todos os governos da atualidade, após o final do socialismo real, afirmam com orgulho estarem trilhando os "princípios democráticos"[22]. E é igualmente inegável que inúmeros grupos – de mulheres, de oposições políticas, de etnias minoritárias e até de castas inferiores (como os párias indianos) – reivindicam cada vez mais a ampliação dos seus "direitos", seja na China, na Índia, na Indonésia ou no Irã, tendo como inspiração o ideal igualitarista da democracia ocidental. Isso não quer dizer que o modelo político dos Estados Unidos ou da França, por exemplo, seja o referencial dessas reivindicações; aliás, nesses Estados nem sequer existe na prática a generalização completa desses *ideais* democráticos. Até aí há grupos – de imigrantes, de minorias sexuais, étnicas ou até socioeconômicas – que denunciam injustiças e opressões que efetivamente existem.

No entanto, no exato momento em que se universaliza, o modelo democrático ocidental é colocado em xeque pelo avançar da globalização e pelo enfraquecimento dos Estados nacionais. A democracia foi pensada antes de tudo para uma comunidade que pudesse deliberar em conjunto, que pudesse dialogar e decidir suas normas e opções. Com a crescente expansão dos problemas comuns da humanidade – desde os econômicos até os ambientais – esse "espaço da democracia" vai se diluindo, pois quem deve votar, por exemplo, a respeito de uma fábrica química extremamente poluidora, a população nacional, como tradicionalmente se imagina, ou as nações vizinhas que serão afetadas pelas chuvas ácidas? E pode-se falar em nome do Iraque ou dos curdos ou ainda dos islâmicos xiitas em contraposição a grupos sunitas dominantes?[23] Dessa forma, a questão da democracia hoje não consiste apenas e nem principalmente na sua expansão até as sociedades que não a praticam. Ela consiste também e cada vez mais na sua redefinição para levar em conta as mudanças que ocorrem no mundo, onde por um lado há o enfraquecimento dos Estados nacionais – ou, pelo menos das nações como comunidades relativamente homogêneas e autônomas – e por outro lado existem novas configurações comunitárias, novas "tribos" que se definem por outros critérios diferentes dos tradicionais, que enfatizavam mais o local de morada. Expandir os direitos do homem ou do cidadão sim, mas sabendo que eles não estão – e provavelmente nunca estarão – completamente definidos ou acabados. Eles se redefinem, se recriam, incorporando novos atores e novas demandas, alargando continuamente a noção de democracia.

A ONU OU AS GRANDES POTÊNCIAS TÊM O DIREITO DE INTERVIR NOS DIVERSOS RECANTOS DO PLANETA?

Segundo vários estudiosos, teria ocorrido na década de 1990 uma significativa mudança na política internacional. O princípio de soberania ou de não ingerência estrangeira num território nacional estaria sendo revisto. Essa revisão, para alguns, teria começado com a criação à revelia do Iraque de "zonas de exclusão aérea" no norte e no sul desse país[24], nas quais as tropas aliadas lideradas pelos EUA impedem que as tropas ou os aviões iraquianos entrem com o argumento de "impedir os ataques aos curdos e aos xiitas". E, segundo outros, o marco dessa revisão foi a guerra do Kosovo, na qual as tropas da ONU intervieram dentro do território iugoslavo a fim de "proteger a população kosovar de um extermínio"[25]. Cabe lembrar ainda as ameaças que a "comunidade internacional", por meio da ONU, fez à Indonésia no final de 1999, no sentido de praticamente obrigar esse país a promover um plebiscito entre a população do Timor Leste para decidir o seu *status* de província indonésia ou Estado independente. Isso sem contar a prisão em Londres nesse mesmo ano do ex-ditador chileno Augusto Pinochet, apesar de sua imunidade diplomática e dos crimes pelos quais ele é acusado terem ocorrido no Chile. Ou ainda das pressões internacionais, em especial dos parceiros da União Europeia, sobre a Áustria no início de 2000, ocasião em que um político de extrema-direita, tido como neonazista, estava prestes a ingressar na coalizão governamental. Pelo menos aparentemente, esses acontecimentos têm em comum a desconsideração das soberanias nacionais em prol de uma defesa mais agressiva dos "direitos humanos".

Num debate sobre a guerra do Kosovo, Fukuyama viu com otimismo essa falência da noção pós-Westfália de soberania, afirmando que quando os Estados europeus decidiram que cada um podia fazer o que bem entendesse dentro de suas fronteiras, no século XVII, todos eles eram vulneráveis à ingerência dos vizinhos, pois tinham populações mistas, com católicos e protestantes brigando entre si; mas hoje, argumentou ele, haveria um consenso sobre normas e princípios de governo, pelo menos entre os Estados mais poderosos, e com isso ocorre essa erosão positiva do princípio de soberania[26]. Luttwak também refletiu essa opinião, enfatizando que "nenhum de nós acredita mais que o rei da França [isto é, qualquer governo] tenha o direito de fazer o que bem queira no seu território"[27].

O grande problema é que nem todos os Estados são iguais. Será que alguém – inclusive a ONU – se atreveria a desrespeitar a soberania dos Estados Unidos? É muito fácil fazer isso com Estados fracos e até, no limite, com potências regionais como talvez seja o caso da Indonésia, da África do Sul ou do Brasil. Mas quem teria a coragem de pressionar seriamente a Alemanha, com ameaças concretas de retaliação ou expulsão da União Europeia (tal como ocorreu com a Áustria), caso um neonazista alcançasse um importante posto governamental nesse país? E quem ousaria intervir na China para proteger os direitos humanos dos tibetanos ou dos mongóis?

A apologia da democracia liberal e do enfraquecimento da soberania nacional em prol dos direitos humanos, apesar de encerrar um aspecto positivo (o *ideal* da democracia sendo operacionalizado também nas relações internacionais), na realidade generaliza demais e cai num otimismo infundado. Os arautos dessa visão imaginam que a democracia está em expansão pelo mundo afora, que um Estado democrático tem uma política externa democrática e que uma vez atingido o estágio da democracia não existe mais volta. Ora, infelizmente todos esses pressupostos são questionáveis.

Em primeiro lugar, nada garante que os regimes hoje democráticos vão continuar a sê-lo indefinidamente. A história não nos fornece múltiplos exemplos de sociedades aparentemente democráticas, e com alto nível educacional para a população em geral, que degeneraram em autoritarismo ou até no totalitarismo? A Alemanha da década de 1930 é um exemplo meridiano disso, assim como o crescimento recente do apoio popular a partidos políticos racistas e de extrema-direita em vários países da Europa (Bélgica, França, Alemanha, Áustria). E até nos Estados Unidos já assistimos ao crescimento da popularidade de alguns políticos que culpam os imigrantes – e abominam o Nafta e especialmente a inclusão do México – pelos problemas sociais do país.

Em segundo lugar, a ideia de que a democracia está se espalhando pelo mundo, apesar de ter um fundo de verdade, também pode ser relativizada. O que está se difundindo pela maioria dos Estados é a ideia de eleições periódicas, de partidos políticos concorrendo pelos cargos públicos importantes e de um mercado mais ou menos livre. Isso tudo é louvável, mas por si só não significa democracia, pois na maioria das vezes falta algo essencial a esta: uma cultura democrática, com valores igualitários e até individualistas (no sentido de que cada um é responsável por seus atos e deve ser avaliado independentemente de sua família, corporação ou casta), com uma ética que separa o privado do público e valoriza o trabalho e a educação etc. Basta examinarmos a América Latina para notar que o final das ditaduras militares não significou uma verdadeira democratização na medida em que permanece uma cultura patrimonialista, que não separa o público do privado e favorece a corrupção, uma ética que desvaloriza o trabalho e a educação, um corporativismo (ou mentalidade estamental, como afirmam alguns) que desvaloriza o cidadão em prol da "pessoa" (isto é, aquele que tem relações importantes ou que pertence ao nosso grupo), enormes desigualdades sociais que em muitos casos continuam a crescer com o liberalismo econômico etc. Não se trata de um pessimismo do tipo "as coisas sempre vão ser assim", mas apenas relativização. No final das contas, apesar dos pesares, a democracia avança sim e é impulsionada não tanto pelo Estado ou pela política tradicional e sim por novos agentes que com enormes dificuldades expandem os seus direitos.

E por fim, as intervenções no estrangeiro – ou melhor, em Estados fracos –, sob o pretexto, que às vezes é verdadeiro, de defender os direitos humanos de grupos minoritários, também escondem interesses econômicos e políticos que muitas vezes nada têm de democráticos. Sabemos que nem sempre existe uma coerência entre a vida política interna e a política externa de um Estado-nação. Muitas sociedades internamente democráticas (pensando-se, é claro, na democracia representativa com todos os seus limites) possuíram ou possuem políticas externas que desrespeitam e agridem os direitos de outras nações e até, em alguns casos, já apoiaram ditaduras contra oposições democráticas. É porque a política no plano das relações externas é praticamente feita por um único agente, o Estado, que procura atuar de forma contínua (muitas vezes até independentemente às mudanças de governo) e quase ignora as pressões e as demandas sociais que tanto peso possuem na política interna. Aliás, as pressões ou demandas populares são fraquíssimas no tocante à política externa – e com isso predominam as pressões daqueles que têm algum interesse no exterior, normalmente grandes empresas –, pois concentram-se nas questões internas. Um dos grandes problemas da democracia, e isso desde Atenas da Antiguidade (quando havia uma política imperialista perante as outras cidades-Estados da Ática), é que a sociedade encara como interlocutores somente os seus "iguais", os cidadãos; o estrangeiro, os "outros", costuma ser desprezado. Justamente o grande desafio da "revolução democrática" hoje é incorporar os "outros", é pensar os direitos das minorias internas e também das nações estrangeiras. As organizações que se preocupam com a atuação internacional de seus governos e de suas empresas, que se denunciam desrespeitos aos direitos humanos ou agressões ambientais no exterior, constituem talvez o embrião dessa nova consciência democrática.

Não acreditamos, no entanto, que seja o caso de denegar radicalmente essa possibilidade de intervir dentro das fronteiras de um Estado em nome dos direitos humanos ou até, no limite (no caso de catástrofes ambientais e/ou nucleares), da sobrevivência da humanidade. O mundo cada vez menor ou globalizado – algo que implica o surgimento ou a expansão de problemas comuns da humanidade e leva de fato a uma perda relativa das soberanias nacionais – deve (re)construir um sistema internacional de regras para a coexistência democrática entre os povos. E, como em qualquer sistema jurídico, ele não será efetivo se não houver a possibilidade de sanções a alguém que estiver deliberadamente infringindo essas regras. Mas essa possível ação coercitiva não deveria ser atribuição de uma grande potência militar e sim de uma instituição internacional legítima – uma ONU reformulada, por exemplo. Uma instituição que inclua também organizações não governamentais, especialmente aquelas que há tempos lutam pelos direitos humanos, e que decida por meio de inúmeras negociações os critérios nos quais essa sanção – sejam restrições econômicas ou, no extremo, invervenção militar – seria possível. Mas por enquanto isso não existe, pois ainda prevalece a lei do mais forte ou das – pouquíssimas – grandes potências.

A NOVA (DES)ORDEM SERIA CAÓTICA OU DESPROVIDA DE SENTIDO?

O CAOS OU A DESORDEM MUNDIAL

O mundo pós-guerra fria, segundo alguns, seria na realidade uma "desordem mundial", um caos no sentido de ausência de regulação, de predomínio do mercado instável, da multiplicação de conflitos, máfias, gangues, criminalidade e exclusões de todos os tipos.

Ignácio Ramonet, professor universitário e editor do jornal francês *Le Monde Diplomatique*, que constantemente publica matérias oriundas de diversos colaboradores respeitados no mundo acadêmico, faz uma espécie de síntese à sua maneira dessa visão catastrofista sobre a nova ordem mundial. Segundo ele, haveria o perigo "de a civilização", no singular, soçobrar nesse oceano de anarquia. Não se sabe quem governa o mundo, afirma, nem qual é o poder da mídia, dos *lobbies*, das ONGS, das empresas transnacionais, dos grandes investidores financeiros etc. Nas suas palavras:

> Do ponto de vista geopolítico, o mundo apresenta o aspecto de um grande caos: por um lado, a multiplicação de uniões econômicas regionais, por outro renascimento de nacionalismos, ascensão de fundamentalismos, Estados divididos (...) Neste final de século, a maioria dos conflitos são internos, intraestatais. Além disso, redes internacionais de caráter mafioso e o crime organizado constituem novas ameaças porque controlam toda espécie de circuitos clandestinos (prostituição, contrabando, tráfico de drogas, venda de armas, disseminação nuclear).[1]

O sistema mundial hoje repousaria sobre dois pilares: o mercado e a ideologia da comunicação, que substituiu a ideologia do progresso. A ausência de regulação por parte dos Estados, especialmente no sistema financeiro internacional e em redes mundiais de comunicações, faria com que o mercado global predominasse, algo que serviria unicamente aos interesses do neoliberalismo "com a sua nova aristocracia planetária da finança, mídia, computadores, telecomunicações, transportes e lazer"[2].

Existiria uma ausência de lógica ou de ordem na situação mundial pós-guerra fria. Por um lado, afirma ele, alguns Estados procuram aliar-se, fundir-se com outros com o objetivo de constituir uniões, sobretudo econômicas; mas por outro lado, de forma contraditória, outros Estados (Canadá, Índia, Sri Lanka, China, Congo) conhecem movimentos separatistas, estão se dividindo ou desmembrando[3]. Citando Edgar Morin, Ramonet afirma que existiria nessa "contradição" um importante confronto do final do século XX: a opção entre federalismo ou barbárie. Mas o principal alvo de críticas é o neoliberalismo, que dominaria o mundo com a globalização e o enfraquecimento dos Estados nacionais. Esse projeto neoliberal seria parte da "neo-hegemonia americana", ou seja, os Estados Unidos agora controlariam o planeta por meio da propagação de "um novo modelo de Estado reduzido", novas tecnologias (Internet, infovias, novas mídias), novos investidores ("os poderosos fundos de pensão") que controlariam o sistema financeiro internacional, construindo assim um "novo regime globalitário" que não seria mais caracterizado por um partido único e sim pelo "dogma da globalização e do pensamento único"[4]. Mas nem os Estados Unidos estariam garantidos nessa nova desordem mundial, pois os principais agentes, as "empresas globais" – consideradas diferentes das empresas multinacionais da década de 1970, pois não possuem mais centro ou pátria –, seriam organismos desprovidos de cabeça ou coração, seriam apenas redes disseminadas pelo planeta e que não têm a menor preocupação com a nacionalidade e somente obedecem a duas palavras-chave: produtividade e rentabilidade[5].

Diante isso, o que o autor propõe? Fundamentalmente mais controle, mais autoridade dos Estados, mais regulamentações, em especial na Europa. Ele advoga uma reformulação na ONU, incluindo novos membros no Conselho de Segurança; e também a manutenção a qualquer preço dos empregos e dos benefícios sociais na Europa, que a seu ver "inventou o Estado providência"[6]. Sua visão geopolítica é na realidade uma tentativa de influenciar a política francesa (ou europeia) e até mesmo a revolução técnico-científica: ele lamenta a inovação tecnológica voltada em grande parte para ampliar a produtividade, mas que não garante os empregos[7], e que seria pior ainda no Sul, nos países subdesenvolvidos.

Mas o seu clamor contra a exclusão e as desigualdades internacionais soa incoerente com os apelos que faz para novas regulamentações que garantam o emprego e a atividade agrícola na Europa. Afinal, em que isso tudo ajudaria os países pobres, que precisam ampliar suas exportações – e aumentar o valor internacional delas –, sendo que o protecionismo europeu e francês, em especial na agricultura, é um dos grandes entraves a isso? E será que a nova ordem é desprovida de lógica (ordem) ou, na realidade, esse seu conceito de ordem é demasiado estreito e pressupõe um controle da vida econômica e social pelo Estado nacional?

UMA ORDEM PÓS-MODERNA?

Zaki Laïdi, diretor do Centro de Estudos Internacionais do Centro Nacional de Pesquisas Científicas de Paris, argumenta que a nova ordem mundial é pós-moderna e desprovida de sentido ou de senso (entendido como *standarts*, padrões ou valores dominantes). A ordem bipolar, afirma, tinha um sentido ou senso, havia um fator (o político-ideológico) que prevalecia sobre os demais, havia uma verticalidade no sentido de um conflito (Leste *versus* Oeste) se impor como central perante os demais[8]. A bipolaridade, embora fosse tensa na medida em que havia o risco de uma terceira guerra mundial, era perfeitamente legível ou coerente. As grandes potências político-militares eram também grandes potências econômicas e até culturais no sentido de propagarem um senso, uma ideologia, um sistema de valores.

Já a nova ordem mundial pós-guerra fria seria "relaxada" ou distendida, pois o risco imediato de um holocausto nuclear foi afastado, mas teria perdido a lógica ou sentido na medida em que predominaria uma horizontalidade, ou seja, a diferença entre o centro (as grandes potências) e as periferias teria se diluído em grande parte, não existiria mais uma hierarquia entre os conflitos (o principal e os secundários) nem mesmo uma coerência ou correspondência entre o poderio econômico e o político-militar. O Japão, por exemplo, seria uma potência econômica mundial mas não político-militar e nem mesmo cultural, já que não propaga um senso ou sistema de valores para o globo. Não poderíamos rotular da maneira clássica a nova ordem, argumenta Zaïdi, pois em alguns momentos ou aspectos ela é monopolar, em outros multipolar e em outros ainda seria apolar ou proteiforme[9].

Poder-se-ia então denominar a nova ordem mundial como pós-moderna, apesar de não haver uma definição canônica da pós-modernidade. Esta seria caracterizada pelo instável, pelo transitório, pelo ambivalente e pelo desarticulado, algo encontrado no cenário internacional pela falência dos modelos interpretativos clássicos[10]. Nessa nova ordem pós-moderna existiriam importantes atores estatais e não estatais, o conceito de soberania nacional estaria em declínio e haveria uma desterritorialização no sentido de que a localização perdeu a sua antiga importância: "a lógica dos fluxos superou a lógica dos stocks"[11].

A ideia de "tempo mundial" exprimiria muito bem essa ambivalência pós-moderna. Aparentemente, após a queda do muro de Berlim, ele seria marcado pela "marcha da democracia", pela hegemonia do liberalismo econômico e político. Haveria uma associação, ideológica, entre mercado, desenvolvimento e democracia. E as outras ideologias, como aquelas de "esquerda" (socialistas), estariam se esvaziando ou perdendo legitimidade num ritmo acelerado. Mas essa "clarificação da realidade" (isto é, o esclarecimento sobre o sentido para o qual a história caminha) seria mais aparente que real, pois o enigma do mundo ainda não foi resolvido. Existiriam duas contradições que anulariam essa ideologia do "tempo mundial esclarecido":

a diferença entre legitimidade e efetividade e entre desenvolvimento e democracia.

A primeira consistiria no fato de que se a democracia é legítima hoje – ela se impôs como o modelo ideal e único –, a sua prática não é efetiva. O avanço das privatizações na ex-URSS, por exemplo, seria somente uma caricatura do liberalismo, pois a antiga *nomenklatura* comunista se apropriou do Estado e do espólio do antigo regime[12]. Por trás da aparente hegemonia do "tempo mundial", existiria uma reafirmação dos "tempos locais", dos ritmos tradicionais, das culturas enfim. Na África, por exemplo, a liberalização da vida política por meio da multiplicação de partidos e de eleições caminharia junto com um crescente abstencionismo eleitoral e a continuação das lideranças tradicionais[13]. E a segunda contradição seria uma defasagem entre desenvolvimento e democracia. Os casos empíricos não fundamentariam essa ideia de que o liberalismo e a democracia seriam bons para o crescimento econômico e, pelo contrário, poder-se-ia levantar a hipótese contrária, a de que o autoritarismo seria melhor para o desenvolvimento[14]. Mas é apenas uma hipótese, assinala Laïdi, pois nesse terreno, como em todos os demais, não existiria uma lógica inquestionável e predominaria um "relativismo absoluto na medida em que existem inúmeros casos intermediários"[15].

Essa interpretação geopolítica é rica e inovadora na medida em que aponta elementos novos (como a ideia de apolaridade para certas circunstâncias ou a de pós-modernidade) na nova ordem mundial. Mas ela é igualmente pobre e pouco criativa na medida em que basicamente reflete uma perplexidade, uma "descoberta" da falência de modelos clássicos para explicar a realidade. Isso é muito pouco, especialmente neste campo em que as ideias normalmente implicam ações efetivas. Exatamente esse é o ponto fraco das leituras que veem o real como caos ou falta de sentido: elas não conseguem encontrar uma lógica por trás da aparente desordem e, subrepticiamente, passam a ideia de que seria melhor uma "ordem unívoca", uma busca de estabilidade e segurança por meio do empobrecimento dos conflitos, dos atores, do pluralismo enfim.

DA "NOVA IDADE MÉDIA" À GLOBALIZAÇÃO VANTAJOSA

Um outro autor que enxergou um certo caos na nova ordem mundial, pelo menos inicialmente, foi Alain Minc, consultor financeiro, cientista político e ensaísta bem-sucedido, além de coincidentemente (ou não?) também ser francês. Numa obra inicialmente publicada em 1993 ele especula se a história não seria cíclica e se não estaríamos retornando a uma nova Idade Média:

> Com efeito, a ausência de sistemas organizados, o desaparecimento de qualquer centro, o surgimento de solidariedades fluidas e evanescentes, a indeterminação, o acaso, a fluidez, o desenvolvimento de "zonas cinzentas" que se multiplicam fora do alcance de qualquer autoridade, essa incapacidade de descobrir o princípio fundador do mundo pós-comunista nos conduz a uma Nova Idade Média.[16]

Mas ao contrário de muitos de seus compatriotas, Minc não vê essa situação caótica como negativa e sim como uma oportunidade para se reconstruir o mundo sob novas (e melhores) bases:

> Para nossos espíritos cartesianos, essa revolução equivale a uma regressão (...) Mas pelo contrário, cabe-nos pensar o incerto com o mesmo cuidado com que outrora pensamos o provável, inventar novos conceitos, reavaliar o papel do Estado, tentar reajustar os jogos complexos que estruturam as relações internacionais.[17]

Com o fim da URSS e as mudanças no Leste Europeu, com a abertura da China ao capitalismo, o mundo não teria mais um centro nem mesmo um inimigo preciso e localizável. Existiriam três principais espaços hoje – a América, a Europa e a Ásia (centrada no Japão ou na China) –, afirma Minc, sendo que o restante do mundo ficaria à margem, não passaria de "zonas de transição" ou "regiões no abandono". Em alguns casos, como na África subsaariana, haveria uma regressão até uma verdadeira Idade Média, com aumento nas taxas de mortalidade, epidemias que matam milhões (a Aids no lugar da peste negra), fome e enfrentamentos tribais[18]. Somente uma pequena parte do mundo ainda obedece ao princípio da ordem, diz Minc, pois as "zonas cinzentas" cresceriam a cada dia na África, cobririam grande parte do território russo, se infiltrariam na China e no Oriente Médio e se desenvolveriam em pleno coração do império americano, "numa América do Sul onde regiões inteiras estão sob o domínio dos imperadores da cocaína e outros traficantes"[19].

Essa visão catastrofista vê o tribalismo, que se alimentaria do pessimismo, como uma nova ideologia em expansão:

> Ao procurar nazismo por trás da violência dos "skinheads" alemães que colocam fogo nos centros de recepção dos refugiados, nós nos perdemos. Eles não são os S.A. Nós também nos enganamos procurando por trás da Liga Lombarda uma nova encarnação dos camisas pretas mussolinianos. São novos produtos que estão em preparação nos caldeirões ideológicos. Pode-se hoje adivinhar seu cheiro, mesmo que ainda sejam sistemas em formação. Seja uma síntese "nacional-comunista", seja um movimento "ecopópulo-nacionalista". Nacionalismo, fascismo e comunismo não param de se entrecruzar. Com inimigos comuns: a democracia, o mercado, o cosmopolitismo (...) Com uma concepção próxima de organização social: piramidal, hierárquica, autoritária. Com um mesmo culto do partido-Estado. Com o mesmo desejo, em nome de uma visão congelada do futuro, de abolir a incerteza.[20]

Em suma, a nova ordem permitiria a multiplicação das exclusões e criminalidades e, com isso, alimentaria uma difusa ideologia oposta a ela, que seria tribalista com ingredientes fascistas, nacionalistas e até ecológicos no sentido de "culto à pureza e apego ao passado conservador".

Estranhamente para alguém que fustigou o nacionalismo exacerbado e também o socialismo real juntamente com o próprio ideal a ele associado, colocando-o em pé de igualdade com o fascismo, Minc encerra o livro mencionando Lenin e a sua pergunta "O que fazer?". Como não podia deixar de ser, faz-se um apelo para a "necessidade de ordem", para uma reforma completa das instituições internacionais que já teriam caducado. Ele termina apelando para que o Estado-nação:

> Seja capaz de investir contra as estruturas que progressivamente se lhe desgarram. Em nome desse mesmo dever, a França talvez esteja em melhor condição do que outros para propor uma cruzada internacional contra a "Mafia Incorporated". Ela tem, em particular, territórios a proteger, e até mesmo reconquistar [*sic*]. No que toca à segurança pública, trata-se de um combate

mais decisivo do que a extensão dos controles de identidade. Será preciso, amanhã, uma polícia financeira internacional, dotada de meios de controle sobre os bancos e as organizações financeiras (...) Evidentemente que a iniciativa poderia partir de qualquer um dos grandes atores do cenário financeiro internacional. Mas a França, que se especializou em propor esquemas de organização mundial, estaria no seu papel, avançando neste terreno (...) A França possui, de longa data, duas vantagens comparativas no jogo internacional: sua condição de potência nuclear e um direito à imaginação política que ninguém contesta.[21]

Alguns anos mais tarde, Minc retoma essa discussão sobre a nova (des)ordem mundial e os imperativos do Estado francês, agora deixando de lado a ênfase na "nova Idade Média" e procurando assinalar as "vantagens da globalização" para os atores (evidentemente que ele pensa na França) que souberem como aproveitá-las. Seu alvo é o keynesianismo e a ideologia antiglobalização frequentes na cultura francesa. A França não pode escapar do mundo que a rodeia, afirma, complementando que não suporta mais as hipocrisias e ambiguidades de intelectuais e políticos, que exorcizam a globalização e reclamam de um "pensamento único", mas de fato não têm nenhuma proposta alternativa aceitável nem poderiam ter, pois não haveria como ignorar a globalização nos dias de hoje e ela poderia inclusive ser benéfica[22]. Braudel e toda a sua escola foram desmentidos pela globalização, afirma Minc, pois a recuperação norte-americana nos anos 90 – e todos já davam como certa a transferência do eixo do sistema mundial dos EUA para o Japão, numa suposta "lei braudeliana" que descreve o deslocamento do centro do sistema capitalista, a cada nova revolução tecnológica, da Europa para a América e desta para a Ásia – mostrou que não existe o declínio fatal de uns e ascensão inevitável de outros; uma economia pode se recuperar, como provou os Estados Unidos, e economias antes periféricas podem ultrapassar o centro nesta época de maior importância do conhecimento e da tecnologia, que a seu ver circulam livremente pelo globo[23]. Duas ex-colônias da Grã-Bretanha – Hong Kong e Cingapura – têm hoje uma renda *per capita* superior à britânica e, assim como também vem ocorrendo com a expansão econômica da China, as bases para esse desenvolvimento seriam o ótimo sistema escolar, a grande quantidade de investimentos e de poupança interna e grande abertura (e não fechamento) para o mundo; não podemos esquecer, diz Minc, que metade dos doutorados concedidos nos Estados Unidos é outorgada a asiáticos, sendo que a maior parte deles volta para casa.

Enfim, com a globalização a economia converteu-se na senhora absoluta do mundo. Haveria somente uma dúvida sobre o livre comércio mundial: ele seria algo completo ou atrapalhado e nuançado pelo protecionismo dos "blocos", em especial da União Europeia? Apesar de o protecionismo ter perdido legitimidade, argumenta, ele ainda conta com toda uma legião de adeptos que inclui keynesianos desejosos de encontrar uma zona onde aplicar a sua farmacopeia, populistas de todos os feitios (não só na Europa mas também nos EUA: vide Ross Perot) e ex-nacionalistas ou burocratas, que agora têm um espaço mais amplo (o "bloco") para estabelecer as suas regras de autarcia[24]. Só que existem alguns percalços no caminho da globalização triunfante, seja ela completa ou parcial devido às barreiras dos "blocos". Primeiro, existiria uma "linha vermelha" na Eurásia, uma série de possíveis conflitos que poderiam fazer a economia ocupar novamente um lugar secundário ante a geopolítica: a fronteira lituano-polonesa (seria possível apagar que a capital lituana, Vilno, antes da guerra se chamava Wilno e fazia parte integrante da Polônia?); a fronteira ucrano-russa (até quando a Rússia aceitará a independência da Ucrânia, que foi o seu berço histórico?); o caldeirão étnico dos Bálcãs; as repúblicas muçulmanas da ex-URSS, onde a Turquia e o Irã se entregam a uma luta de influência sem piedade; e as tensões na Ásia, com a Rússia ainda vivendo uma guerra fria com o Japão (ela não devolve as ilhas Kurilas), com a expansão da China, algo que desagradaria os EUA e o Japão, com uma hostilidade mal disfarçada entre a Coreia e o Japão[25]. O segundo risco para a globalização seria uma perda de legitimidade devido ao crescimento das desigualdades internacionais: as exclusões e as desigualdades não são ocasionadas pela globalização (embora esta as redefina, as atenue em alguns casos e agrave em outros), mas, assinala Minc:

> Os fabricantes de ideologias estão muito presos ao mito do progresso técnico e não podem responsabilizá-lo pelo não igualitarismo; assim, eles acham mais cômodo atribuir a culpa à globalização. Esta teria o papel de bode expiatório, o mesmo papel dos imigrantes no debate social[26].

E o terceiro risco para a globalização, complementar ao segundo, consistiria na oposição entre a sua uniformidade aparente e a crescente busca por uma identidade. Existiria um nivelamento dos estilos de vida, um consumo cada vez mais similar no Brasil, na China, no Canadá e até na Rússia, e isso preocuparia os nacionalistas de todos os matizes, que reagem culpando a globalização – ou o "imperialismo americano" – por todos os problemas. Assim, apesar de não contestada no campo da economia, pois não haveria alternativas viáveis, a globalização é contestada no campo político, transformada em bode expiatório de injustiças ou matanças (desemprego, guerras tribais na África, conflitos étnicos nos Bálcãs etc.) com as quais ela teria somente uma frágil relação[27].

Mas Minc não está interessado em dissecar a globalização e sim em propor caminhos para a França. O país estaria atrasado nas reformas necessárias para concorrer no mercado globalizado. Os franceses ainda confundem o Estado com os interesses públicos e de forma maniqueísta opõem o mercado – que seria o representante dos interesses particulares e mesquinhos – ao Estado, visto como expressão dos interesses sociais. Diante do avanço da globalização, argumenta, existiriam apenas três caminhos possíveis: o todo-Estado e o primado teórico da igualdade (modelo do socialismo real e do keynesianismo das últimas décadas, que foi condenado pela história); o todo-mercado e o pretenso culto à desigualdade (modelo norte-americano e britânico, que com diferentes matizes seria também o dos Tigres Asiáticos); e a terceira via, mais complexa porque fundamentada numa dialética entre o mercado e o interesse geral, entre concorrência e equidade, que seria o ideal para o caso francês[28]. O problema é que a França estaria dividida entre as duas primeiras vias, não conseguindo conciliá-las. O francês sempre oscilou entre uma mentalidade camponesa e uma universalista, daí hoje a nação estar dividida entre uma aceitação vantajosa da globalização e um declínio resmungão e introvertido[29]. Minc termina o livro com uma "Carta aberta ao primeiro ministro", na qual reafirma que é inútil tentar se contrapor à globalização, que a vitória do mercado é irreversível, que as privatizações vão continuar avançando e que a concorrência penetrará progressivamente em todo o serviço público. Mas isso não é uma catástrofe, avisa, mas o caminhar da modernização. Ele pergunta: "Quando é que um de vocês, políticos, terá a coragem de nos dizer, como disse o papa aos seus compatriotas poloneses: 'Não tenham medo'?"[30]. Eles não diriam isso porque são eles, os políticos, que têm medo: de perder o seu espaço de manobra, de se tornarem menos importantes com o enfraquecimento do Estado nacional. Felizmente os fatos, os acontecimentos ou a "infraestrutura", ele argumenta, caminham antes das ideias. Assim, a expansão da União Europeia com a introdução do euro, da moeda única, vem sendo um antídoto e um freio contra as trapalhadas da política francesa. Sem isso fatalmente a França teria caminhado para um declínio. Graças ao euro, à Europa unificada, a história ou a providência teria permitido que o país continuasse numa boa classificação no *ranking* mundial[31].

AS MUDANÇAS NO PODERIO MILITAR E AS REDEFINIÇÕES GEOESTRATÉGICAS

A RENOVAÇÃO DO PODER MILITAR

Nada indica que a guerra militar acabou ou sequer que ficou menos frequente no mundo pós-guerra fria. Mas existem inúmeras evidências que apontam para uma radical mudança nos seus objetivos e na sua estratégia – na concepção de inimigo, nos armamentos, na seleção/preparação dos soldados e na logística. O (ex-)secretário de defesa dos Estados Unidos, William J. Perry, assinalou alguns traços dessa "nova defesa" num artigo publicado em 1996 na revista *Foreign Affairs*[1].

Em primeiro lugar existiria um redirecionamento da pesquisa e da produção bélicas, que deixariam de lado a ênfase nos meios de destruição em massa, aqueles valorizados durante todo o século XX e em especial na fase da guerra fria, e enfatizariam novas tecnologias de precisão. O importante hoje, na época da globalização e do liberalismo triunfante, não é mais exterminar o inimigo (isso pode ainda existir, em alguns casos de genocídio, mas são problemas regionais de lutas por territórios e normalmente áreas/povos pouco integrados ao mercado global) e sim conquistá-lo ou enquadrá-lo, inseri-lo afinal no mercado global. Assim, no lugar dos armamentos nucleares, químicos ou bacteriológicos, que exterminam multidões e têm efeitos quase incontroláveis, o importante agora são mísseis de precisão, sistemas de informação (e de contrapropaganda) mais sofisticados, aviões completamente informatizados e difíceis de serem detectados, que rapidamente bombardeiam pontos específicos com uma margem mínima de erro. Só que existe toda uma herança da guerra fria e torna-se necessário uma contenção da fabricação das bombas nucleares e das armas químicas e biológicas, e também uma progressiva desativação das já existentes e/ou um maior controle sobre elas. Inúmeros acordos internacionais – o Tratado da Não Proliferação Nuclear, o Tratado da Proscrição dos Testes Nucleares, a Convenção das Armas Químicas, a Convenção das Armas Biológicas, o Regime de Controle da Tecnologia de Mísseis – estão sendo renovados e assinados por um número crescente de Estados (e os que ainda não assinaram são constantemente pressionados a fazê-lo)[2]. E as quatro nações oriundas da ex-URSS que tinham armas nucleares – a Rússia, a Ucrânia, o Cazaquistão e a Bielo-Rússia – foram pressionadas ou "convidadas"(por intermédio de uma ajuda econômica condicionada a isso) a desativarem esses armamentos. Somente a Rússia ainda possui armas nucleares hoje (embora tenha desativado algumas delas), pois os outros três países desde o final de 1996 que já não mais as possuem. Alguns Estados que estavam nos anos 1980 caminhando para ingressar no "clube atômico" – casos do Brasil, da Argentina, da África do Sul e da Argélia – desistiram de vez desse propósito nos anos 1990. Ainda restam alguns "refratários" – a Líbia, o Iraque e principalmente a Coreia do Norte, o Paquistão e a Índia –, que se recusam a assinar os tratados de Não Proliferação e de Prescrição dos Testes Nucleares, mas eles são constantemente pressionados ou "convidados" a deixar de lado a fabricação desses armamentos.

Em segundo lugar há uma mudança no entendimento da defesa, que deixa de ser o de emular e ameaçar o inimigo para ser "preventiva"[3]. No primeiro caso, típico da guerra fria, havia um estado de prontidão permanente para a guerra e o(s) inimigo(s) bem definido(s), com uma estratégia de espalhar navios, tropas e mísseis por todo o mundo e em especial ao redor dele(s). No segundo caso, do mundo pós-guerra fria, não há um inimigo definido ou permanente – um ou alguns Estados – e sim "possíveis ameaças" que podem vir de grupos terroristas, de algum Estado que os apoie, de crises inesperadas (como a do golfo Pérsico, em 1990-1991), de instabilidades regionais (como nos Bálcãs) que podem ameaçar o sistema global etc[4]. Isso implica não mais mísseis com ogivas nucleares apontando para o inimigo e sim armas de precisão – isto é, mísseis com bombas convencionais que podem destruir um prédio específico com uma margem mínima de erro; sistemas de informações mais eficientes e precisos; navios e aviões que podem ser transportados de uma hora para outra para um lugar remoto; enfim, armamentos móveis e de precisão, que envolvem cada vez menos riscos para os soldados (em muitos casos eles são teleguiados e normalmente se evita o enfrentamento por terra, dando-se preferência aos bombardeios por ar), pois os reclames da sociedade civil contra as perdas de familiares são mais intensos hoje, e que não vão matar indiscriminadamente milhares ou milhões de pessoas e sim ser mais "cirúrgicos" no sentido de eliminar os pontos estratégicos do adversário (edifícios de estados-maiores, asilos de mísseis ou de bombas, estradas, meios de comunicações, aeroportos).

Em terceiro lugar, mudou a concepção de soldado. Nos Estados Unidos e em inúmeros outros países não existe mais o alistamento obrigatório e sim o engajamento voluntário ou até a disputa no mercado de trabalho por profissionais altamente capacitados (engenheiros, analistas de sistema, físicos, médicos, sociólogos, psicólogos etc.) que vão se transformar em oficiais das Forças Armadas. Afinal, conhecimento ou informação é hoje, até mesmo nos meios militares, um atributo muito mais importante que a mera força ou habilidade física. Por isso existem cada vez mais mulheres engajadas nas Forças Armadas norte-americanas, notadamente, e também nas de outras nações. E na guerra do Golfo de 1991, pela primeira vez na história da humanidade, um exército em combate (o norte-americano) era composto em mais de 98% do seu efetivo por pessoas que tinham no mínimo o colegial, o ensino médio completo[5]. A própria separação entre militares e civis, que era intensa da época napoleônica até a guerra fria, começa a se diluir atualmente, já que por um lado os militares têm que estudar em colégios/universidades normais – apenas uma especialização ou pós-graduação é necessária para os oficiais –, e por outro lado existe o crescente envolvimento da sociedade civil com a segurança e a defesa[6].

Em resumo, existe uma expansão da revolução técnico-científica até nos meios militares[7]. A informação – e a velocidade com que ela é obtida –, o controle de qualidade e o *just-in-time* tornam-se muito mais importantes que a força bruta ou que a produção/destruição em massa. O secretário de Defesa norte-americano no governo Clinton enfatizou isso muito bem:

> Alguns críticos questionavam a eficácia dos armamentos que utilizam tecnologia de ponta, particularmente os teleguiados de precisão. Porém, esse conceito foi aprovado na operação Tempestade no Deserto [bombardeios sobre o Iraque em 1991], esmagando a força militar iraquiana com pouquíssimas baixas. Os céticos tornaram-se crentes. Hoje, os comandantes militares estão encontrando uma infinidade de usos não apenas para armamentos "inteligentes" como para o serviço secreto "inteligente", as comunicações "inteligentes" e a logística "inteligente", todos criados a partir da mesma tecnologia de informática e telecomunicações (...) Essenciais ao domínio aéreo são as tecnologias "stealth", que permitem que nossos aviões burlem as defesas aéreas inimigas. As forças de ataque de precisão permitem que os Estados Unidos destruam alvos fixos do inimigo com uma ou duas incursões apenas, em vez de empreendermos um bombardeio intensivo das áreas objetivadas. Possibilitam também a destruição de alvos móveis críticos, como lançadores de mísseis e colunas blindadas. A operação Tempestade no Deserto demonstrou plenamente a eficácia geral da primeira geração de armamentos inteligentes, apesar de sua vulnerabilidade ao mau tempo e a contramedidas de oposição. A segunda geração superará essas limitações, permitindo que se atinja a verdadeira capacidade de "disparar e esquecer". A superior consciência do campo de batalha significa um conhecimento completo, em tempo real, da disposição de todas as tropas inimigas e aliadas e estamos buscando isso mediante a confrontação das informações obtidas por sensores nacionais, pelo Sistema Global de Posicionamento e por sensores táticos, transmitindo o quadro resultante às mãos dos comandantes por meio de sistemas digitais secretos de comunicação. Também a logística tornou-se direcionada, resultado da aplicação de tecnologias de ponta que possibilitam que se acompanhe o transporte de suprimentos através do globo, conhecendo o que contém cada carregamento, sua localização e hora de chegada ao destino. Essa capacidade proporciona uma vantagem decisiva e também reduz custos e mão de obra, livrando os militares de manter grandes estoques em vários pontos de um teatro de guerra. Também as munições "inteligentes" afetam a logística porque a média de um ou dois disparos por alvo, em vez de centenas, significa que as antigas estimativas de suprimentos de munições caem por terra, não havendo mais a necessidade de fabricar, transportar, armazenar e proteger enormes volumes de armamentos.[8]

Pode-se argumentar, com alguma razão, que esse tipo de visão considera apenas os Estados Unidos e algumas pouquíssimas economias desenvolvidas, nas quais o domínio da tecnologia de ponta permitiria essa revolução estratégica. Já países como o Paquistão, a Índia ou até a China viveriam numa realidade diferente, na qual ainda são válidos os armamentos nucleares e a estratégia da destruição em massa. E em outras áreas do mundo subdesenvolvido a situação seria ainda a da guerra de extermínio envolvendo etnias rivais (como na África subsaariana) ou então a guerra napoleônica convencional, de conquista territorial e matança indiscriminada com o uso principalmente da força bruta. Sem dúvida que isso tudo ainda existe. Mas assim como ocorre com a globalização e com a revolução técnico-científica, também a nova estratégia militar tende a se espalhar, a ser total ou parcialmente reproduzida/reelaborada nos diversos recantos do planeta. É uma tendência, uma questão antes de mais nada de ritmo. A insistência na fabricação de armas nucleares, esse enorme desperdício de recursos (tal como é admitido até pelas autoridades desses países), só persiste na China, na Índia e no Paquistão – nos Estados Unidos, na Rússia, no Reino Unido e até na França isso já não é mais necessário, podendo ocorrer somente desativações graduais – devido a dois fatores: o receio do poderio militar dos vizinhos e a ilusão de ser uma superpotência e dispor do "último trunfo" na manga, a capacidade de dissuasão ou destruição total do inimigo. No entanto, é improvável que esse "último trunfo" tenha de fato alguma serventia para conquistas no jogo mundial de poder. Ele talvez sirva, no máximo, para consolidar uma soberania nacional, algo do tipo "Eu não sou um Estado fraco, logo não se intrometam dentro das minhas fronteiras", fazendo com que o tratamento dado a uma China ou a uma Rússia seja diferente daquele dado a uma Indonésia, por exemplo. Isso significaria, na prática, que a Rússia pode continuar massacrando os chechenos e que a China pode continuar exterminando os tibetanos. Mas inclusive essa hipótese, fortemente arraigada na mente das pessoas e na mídia, é questionável. Isso porque é a sanção econômica – e não a intervenção militar, salvo em raríssimas exceções – que é usada como mecanismo de pressão para situações desse tipo, e provavelmente nem mesmo o território indonésio seria invadido caso esse Estado insistisse na manutenção do Timor Leste sob o seu domínio, desde que o genocídio dos timorenses não fosse algo escandaloso e amplamente noticiado pela mídia internacional. E nem a China e sequer a Rússia, com todas as suas bombas atômicas, se livrariam de sanções econômicas no caso desses massacres se tornarem intoleráveis para a opinião pública mundial (ou melhor, dos países desenvolvidos). E de nada serviriam os armamentos nucleares numa situação dessas, de intimidação econômica. Provavelmente seria melhor ceder e dar autonomia a essas regiões, tal como fez a Indonésia (e talvez faça a Rússia num futuro próximo), pois espaço físico e recursos naturais não têm mais tanto valor e normalmente esse tipo de território com população subjugada e insurgente acarreta mais gastos do que ganhos.

O PAPEL DAS INFORMAÇÕES NA GUERRA DO SÉCULO XXI

Um outro capítulo da redefinição do poderio militar consiste na renovada importância das informações. Existiria hoje uma "geopolítica das informações e das comunicações", argumentam alguns. Em primeiro lugar, a expansão das redes de televisão (normais ou a cabo) e das imagens de satélites, que cobrem os acontecimentos considerados importantes em todo o mundo no mesmo instante, alteraram a política internacional[9]. Esse seria o "efeito CNN", como dizem os norte-americanos (ou "ideologia da comunicação", como afirmam os franceses), que influi ou até molda a percepção do público a respeito dos problemas e, consequentemente, tem o seu peso nas decisões políticas. Em segundo lugar, existiria até mesmo uma "guerra das informações", que seria mais um aspecto ou *front* na competição militar, e que consistiria não apenas na tentativa de ganhar a disputa na mídia, mas também – e principalmente – minar os circuitos de informações do adversário[10]. Afinal, as comunicações – a informação, o seu teor e a sua velocidade – não somente influenciam a opinião pública e a política das sociedades avançadas. Elas também são um poderoso instrumento da estratégia militar. Por esse motivo durante a guerra do Kosovo os Estados Unidos lançaram uma série de ataques eletrônicos com vistas a embaralhar ou paralisar as redes de computadores governamentais da Sérvia, e o Pentágono admitiu que também os seus sistemas receberam milhares de visitas indesejáveis durante esse conflito[11]. Os Estados Unidos até já criaram um "centro de guerra cibernética", cujo quartel-general fica em Colorado Springs, que procura proteger os sistemas estratégicos de computadores do país (tanto os normais quanto os secretos) de ataques terroristas e também tentará inutilizar os sistemas de defesa do inimigo no caso de uma guerra, desordenando a sua logística e infectando-os com vírus, admitiu um importante funcionário do Pentágono[12].

Na guerra do Golfo de 1991, considerada a primeira do século XXI (pelos métodos empregados, em especial pela presença marcante da informática e das telecomunicações), houve a necessidade de se construir em curtíssimo prazo naquela parte do Oriente Médio conexões extremamente complexas: 118 estações terrestres móveis para comunicações via satélites, suplementadas por 12 terminais comerciais de satélites, usando cerca de 81 chaves que proporcionavam a utilização de 329 circuitos de voz e trinta circuitos de mensagens. Sem esse "sistema nervoso", a integração sistêmica dos aliados teria sido impossível e as baixas teriam sido bem maiores[13]. Um oficial da força aérea norte-americana afirmou que, nessa guerra, "uma onça de silício num computador pode ter tido maior efeito que uma tonelada de urânio"[14]. E juntamente com a sofisticação dos instrumentos existe a necessidade, que já foi comentada, de maior qualificação dos operadores. Na Segunda Guerra Mundial um piloto de avião militar podia ser posto em ação após algumas horas de treino. Na guerra do Golfo, por trás de cada piloto de F-15 existiu um treinamento de vários anos que custou milhões de dólares. E o piloto não é mais um executante isolado na cabina. Ele é parte de um vasto e complexo sistema interativo apoiado por operadores de radar (em solo, em navios ou em aviões AWACS), por peritos em guerra eletrônica e contraguerra na terra e no ar, por oficiais do planejamento e dos serviços de inteligência, por analistas de dados e pessoal de telecomunicações[15].

Portanto, a nova estratégia militar "inteligente" não somente leva a um número menor de soldados, só que mais qualificados, como também amplia a importância dos sistemas de informações. E isso não é apenas uma especificidade norte-americana, como afirmam alguns, mas uma tendência geral, pois até a China, após analisar essa guerra de 1991, elaborou um plano de longo prazo para modernizar as suas forças armadas nessa direção (computadores, satélites, armas "inteligentes"...) e ao mesmo tempo reduzir em 50% o seu número de soldados, que deverão ter melhor qualificação.

Essa crescente importância política e até estratégica das comunicações em geral pode conduzir a um conflito entre o Estado – em particular os seus "falcões", isto é, o pessoal ligado à segurança e ao complexo militar – e o mercado e a sociedade civil. Não que estes dois últimos sejam idênticos (o mercado até tenta moldar a sociedade civil, embora nunca consiga totalmente), mas provavelmente estarão do mesmo lado neste embate, pelo menos em grande parte. É lógico que a sociedade civil é complexa e diversificada, contendo inclusive movimentos de extrema-direita racistas e algumas organizações (certas ONGS, certos movimentos ambientalistas, por exemplo) que são sustentadas e fazem o jogo de grandes empresas ou até de instituições estatais. E também o mercado imbrica-se com o Estado e com os interesses do complexo policial-militar, que afinal de contas também determinam os lucros de inúmeras firmas particulares importantes. Mas o potencial de conflitos, que já começam a ocorrer (vide as tentativas de censura na Internet), vai opor de um lado os que pretendem controlar as informações, com o argumento de que elas são estratégicas e podem ajudar o inimigo, e de outro lado aqueles que acham que elas devem ser totalmente livres de restrições e influenciadas somente pelo mercado, isto é, pelo público consumidor. O fato de redes de televisão, como a CNN, terem incomodado os dois lados do conflito durante as guerras nos Bálcãs (Bósnia e Kosovo), pelo menos em algumas ocasiões, mostra que elas não são meramente um instrumento a ser usado por um lado ou pelo outro. Elas têm uma relativa autonomia, desempenhando praticamente o papel de terceiro protagonista nos confrontos militares. Um protagonista cuja importância aumenta com a democratização da sociedade: ele ainda é frágil nos Estados autoritários, mas é crucial nas democracias. Isso é mais um indicador de que o jogo de poder no cenário mundial, até mesmo no seu caso extremo que é a guerra, cada vez mais deixa de ser uma exclusividade dos Estados nacionais e passa a contar com inúmeros outros agentes ou protagonistas.

KISSINGER E BRZEZINSKI: O "REALISMO GEOESTRATÉGICO" NA NOVA ORDEM MUNDIAL

Henry Kissinger e Zgbigniew Brzezinski, dois ex-secretários de Estado dos EUA (respectivamente nos governos Nixon/Ford e Carter), com frequência apontam problemas e caminhos para as relações internacionais, obviamente que tendo sempre como centro a (desejável) atuação do governo norte-americano. Ambos reconhecidamente continuam a desfrutar de prestígio nos círculos dominantes em Washington e, apesar de um se identificar com os republicanos (Kissinger) e o outro com os democratas (Brzezinski), eles compartilham uma recusa do idealismo (a política externa sendo comandada por ideais de democracia ou "da luta entre o bem e o mal"[16]) e uma identificação com o realismo, que consistiria "na defesa dos interesses americanos por meio de valores relativos"[17]. Tendo em vista essa perspectiva – os interesses "nacionais" dos EUA –, eles não elaboram novas e ousadas teorias sobre o jogo de poder mundial e sim estratégias regionais ou pontuais: a respeito das armas nucleares, do Oriente Médio, da China, da Rússia, da Europa etc. Aliás, eles passam a impressão de que nada mudou fundamentalmente com o fim da guerra fria, com exceção talvez do afastamento do holocausto, pois continuaria a predominar o eterno jogo de interesses dos Estados nacionais.

Kissinger reiteradamente pensa na "segurança" dos interesses norte-americanos no globo – ou seja, "um mundo de paz e cooperação", onde os negócios possam prosseguir tranquilamente – e, coerente com uma tradição que remonta a Maquiavel e Hobbes, detecta e enfrenta as ameaças com a "moldagem da realidade por meio de nuanças"[18]. Quando era secretário de Estado, no início dos anos 1970, ele concebeu uma estratégia para reatar os laços diplomáticos dos EUA com a China (inclusive sacrificando Taiwan na medida em que este Estado foi obrigado a se retirar da ONU e o governo norte-americano declarou reconhecer o princípio de "uma só China", que abre caminho para uma futura anexação dessa ilha) e, com isso, tentar isolar a URSS, que na época era vista como a "ameaça maior". Quando a URSS se desintegrou, em 1991, ele logo propôs que os EUA estreitassem seus laços culturais e econômicos com os novos Estados independentes como forma de se evitar que a Rússia transformasse a CEI num novo império[19]. Somente se a Rússia "respeitar a nova situação e permanecer dentro de suas fronteiras", ele assinalou, aí sim um "significativo programa de ajuda ocidental [para a Rússia] poderia ser organizado"[20].

Abrandada a ameaça soviética, o grande problema agora estaria na Ásia: no Japão, visto como um competidor econômico e que está "se desgarrando das políticas de segurança e externa dos EUA", além de supostamente estar "gastando cada vez mais na defesa, tendo já o terceiro, talvez o segundo maior orçamento para a defesa do mundo"[21]; na Índia, no Paquistão e especialmente na Coreia do Norte, que continuam insistindo nas bombas atômicas e podem desestabilizar a região; e na China, que disputa com o Japão a liderança do Leste asiático e também continua a renovar a sua defesa, inclusive com a expansão dos armamentos nucleares. Ele propõe que os EUA não se alinhem a nenhum dos dois lados – o Japão e a China –, tenham boas relações comerciais com ambos e procurem pressionar mais firmemente a Coreia do Norte, que na realidade seria a grande incentivadora da corrida armamentista na região na medida em que cria um clima de insegurança entre os vizinhos[22]. Mas a China, cada vez mais vista pela opinião pública norte-americana como a "nova grande ameaça", deveria ser tratada com cautela: "os radicais, democratas ou republicanos, têm que entender que, em vez do confronto, é melhor conciliar interesses", afirmou[23]. E lamentando que "os valores e necessidades dos EUA" levem a uma constante pressão sobre a China em nome dos "direitos humanos", Kissinger alerta as autoridades chinesas a não se preocuparem muito com isso e não reagirem com alarde; o grande problema das relações entre os EUA e a China seriam "os crescentes superávits comerciais da China" e não alguma importante diferença político-ideológica:

> A URSS professava uma ideologia essencialmente hostil aos nossos valores, propagava-a pelo mundo e sustentava-a, dando apoio a partidos comunistas (...) Nada disso se aplica em relação à China. Embora Pequim se declare comunista, na prática ela em nada se parece com a antiga economia estatal e stalinista de Moscou. A economia da China volta-se cada vez mais para o mercado. E a China não apoia nenhum movimento político hostil aos interesses americanos[24].

Ele reitera que Taiwan é um problema "interno" da China e que "os EUA têm a obrigação implícita de se opor à independência de Taiwan, ao seu ingresso na ONU ou às suas instituições próprias de Estados soberanos[25].

Kissinger fustigou inúmeras vezes a política externa do governo Clinton, por ele vista como idealista e universalista (isto é, que valoriza princípios universais e não leva em conta as nuanças geoestratégicas). Nesta virada de milênio, ele argumentou, as autoridades norte-americanas estariam fazendo com que o país desperdiçasse a sua proeminência global; essa geração de líderes estaria antes de tudo preocupada com a "política doméstica" e teria sido moldada pelos protestos do início dos anos 1970, que depreciaram o "papel do poder" em nome de uma *new age* de problemas/debates tais como o meio ambiente e o humanitarismo[26]. A reação de indignação do governo norte-americano aos testes nucleares da Índia em 1998, por exemplo, não teria sido realista:

> Precisamos não exagerar a opinião de que os testes aumentam o perigo de uma guerra nuclear. É evidente que os EUA devem fazer o máximo possível para impedir a proliferação nuclear, mas essa política será ineficaz enquanto os formuladores de nossa política não aprenderem a estabelecer diferenças entre os vários desafios e não fingirem que podem articular uma política universal aplicável a todas as situações (...) O universalismo precisa dar lugar à análise geopolítica. Já que a proliferação ocorreu, precisamos vincular a não proliferação a outros objetivos e fazer uma distinção entre países cujas atividades não representam ameaça aos interesses americanos ou à paz no mundo e os países que ingressam no programa de armas nucleares para perturbar o equilíbrio. Na minha opinião, Índia e Paquistão estão no primeiro caso[27] [e a Coreia do Norte e o Iraque estariam no segundo caso].

Afirmando que "é impossível abolir as armas nucleares", Kissinger entende que elas são importantíssimas para a estratégia internacional dos EUA e que essa política idealista e universalista, que abomina qualquer novo teste nuclear, seria um risco na medida em que representaria "um desarmamento psicológico dos EUA"[28]. Ele viu um tremendo equívoco estratégico na guerra do Kosovo: "Mas um Kosovo independente é exatamente o que todos os Estados membros da OTAN deveriam procurar evitar", já que isso "motivaria reivindicações idênticas dos albaneses da Macedônia e a desagregação deste último Estado desencadearia outra guerra nos Bálcãs"[29]. Essa política idealista dos "direitos humanos", ele afirmou, não pode ser mantida e o exemplo da Chechênia provaria isso, pois seis meses após os bombardeios sobre a Sérvia, quando se procurou proteger os kosovares de um genocídio, os EUA e seus aliados nada puderam fazer para defender os chechenos das atrocidades russas. Nesses termos, Kissinger conclui que:

> No Kosovo, a falta de perspectiva histórica nos fez ir longe demais no rumo das cruzadas morais. A política exterior precisa lidar com nuances e processos, não com questões absolutas. A diplomacia *new age* não eliminou a necessidade de estabelecer um equilíbrio entre os ideais de uma sociedade e os requisitos inerentes ao lugar que ela ocupa no mundo[30].

Em suma, uma visão segundo a qual a democracia só tem lugar nas relações internas de uma sociedade, ao passo que na política externa deve predominar a defesa dos "interesses nacionais" mesmo que à custa de concessões contra os princípios democráticos. Como assinalou um *scholar* norte-americano, Kissinger pensa que a tradição diplomática desse país, iniciada por Thomas Jefferson, é isolacionista e rejeita a proeminência da *raison d'Etat* em prol da visão idealista de "uma só ética para o cidadão e as nações"; já ele seria um continuador da *realpolitik* europeia, desenvolvida entre outros por Richelieu, William de Orange, Matternich e Bismark, na qual o interesse do Estado é diferente da ética do cidadão e deve comandar as relações internacionais[31]. Assim, coerente com essa visão, Kissinger traçou as seguintes recomendações para a diplomacia norte-americana: não exagerar no combate à proliferação de armas nucleares, especialmente perante Estados poderosos (China, Índia, Rússia; já em relação à Coreia do Norte ou ao Iraque seria possível ser menos flexível); não exagerar na defesa dos direitos humanos no exterior, pois "nenhum princípio é absoluto"; ignorar a opinião ou os reclames da maioria de um povo (como nos casos de Taiwan, do Kosovo ou da Chechênia) e pensar somente em termos geopolíticos, ou seja, do que é melhor para os "nossos" interesses econômico-comerciais na região. O mundo afinal seria como um eterno jogo de xadrez, e o que importa não é preservar tal ou qual peça – seja um princípio, um valor ou um aliado – e sim ter um controle sobre o tabuleiro, se saindo bem nessa disputa que nunca cessa.

Também Brzezinski possui uma percepção mais ou menos semelhante a essa, embora talvez mais aprimorada e sem as rudes censuras à política externa do governo Clinton. Ele elaborou um minucioso trabalho com o objetivo de propor uma estratégia para a atuação norte-americana na Eurásia, a qual considera – numa perspectiva mackinderiana – "o centro do poder mundial"[32]. Existiria hoje uma situação paradoxal, pois os Estados Unidos seriam a única grande potência global, mas a Eurásia (e não o continente Americano) continuaria sendo a "chave geopolítica", a região *pivot* do poder no âmbito global[33]. Com o colapso da União Soviética, os Estados Unidos passaram a ser o "primeiro e único poder global", detendo a supremacia em quatro domínios decisivos: o militar, o econômico, o tecnológico e o cultural[34]. Mesmo que a Rússia e a China se unissem, argumenta, eles só disporiam de armamentos para iniciar um "suicídio nuclear", mas não de condições para vencer ou mesmo emular a hegemonia americana. Só que nos últimos quinhentos anos, desde que o mundo foi unificado, o poder mundial sempre foi dominado por povos da Eurásia e agora, pela primeira vez na história, uma potência não eurasiana é proeminente no globo e inclusive nessa imensa região. Essa situação, afirma Brzezinski, "é obviamente temporária"; mas quanto tempo ela vai durar dependerá da estratégia dos Estados Unidos para manter a sua supremacia na Eurásia.

Portanto, a principal preocupação geopolítica dos Estados Unidos na atualidade deveria ser a implementação de uma adequada estratégia para a Eurásia. Uma simples mirada no mapa-múndi, assinala Brzezinski, seria suficiente para se perceber que o controle da Eurásia automaticamente implica a dominação da África e da Oceania, periferias geopolíticas daquele "continente central do mundo"[35]. Cerca de 75% da população mundial vive na Eurásia, 60% do PNB do globo e, excetuando-se os Estados Unidos, aí localizam-se as seis maiores economias e os seis maiores gastos nacionais com armamentos. Dessa forma, a Eurásia ainda "é o tabuleiro de xadrez no qual a disputa pela primazia global continua a ocorrer", e "como a América gerencia a Eurásia" é algo crítico para a continuidade da supremacia norte-americana, pois a falência desta faria com que o mundo tivesse "mais violência, menos democracia e menor crescimento econômico"[36].

Repetindo a célebre frase de Napoleão, "a política externa de um Estado está na sua geografia", Brzezinski afirma que é necessário atualizar a geopolítica e a geoestratégia clássicas para a nova realidade do poder[37]. A partir daí, ele enfatiza que "os Estados-nações continuam a ser as unidades básicas do sistema mundial" e define "ator geoestratégico" como um Estado que possui capacidade e vontade de exercer poder ou influência para alterar a situação geopolítica. No novo mapa político da Eurásia existiriam cinco atores geoestratégicos fundamentais: a França, a Alemanha, a Rússia, a China e a Índia. Outros Estados que possuem atuação geoestratégica importante seriam o Irã, a Turquia, a Ucrânia, o Azerbaijão e a Coreia do Sul; já o Reino Unido, o Japão e a Indonésia seriam "países importantes", mas atores geoestratégicos praticamente nulos, pois não possuem vontade, ou seja, projetos e atuações para modificar o *status* geopolítico do continente ou do globo[38]. Como o objetivo central dos Estados Unidos deveria ser o de "manipular" os principais atores geoestratégicos da Eurásia, fazendo com que a sua supremacia global tenha "longevidade e estabilidade"[39], ele traça algumas alternativas possíveis e examina as sequelas de cada uma delas. Coerente com o título do seu livro, o enxadrista Brzezinski vê a Eurásia como "o grande tabuleiro de xadrez", o mais importante para o exercício de poder no planeta, e procura antever quais seriam as consequências e as alternativas ante os possíveis movimentos de cada peça importante, ou seja, dos atores geoestratégicos.

Primeiro, existem as possibilidades ou cenários virtuais desfavoráveis para os interesses norte-americanos, que devem ser evitados por meio de ações preventivas. O cenário mais perigoso seria uma "coalizão hegemônica" que reunisse a China (como líder), a Rússia e o radicalismo islâmico por meio do Irã. Uma outra possibilidade, remota mas não impossível, seria um eixo sino-nipônico, que combinasse o poder de "dois combativos povos" e tornasse a forma de uma "asianização" como contraponto à supremacia americana. Também remoto, mas não totalmente descartável, seria um realinhamento europeu fazendo a França ou a Alemanha (ou ambas) virar as costas para os Estados Unidos e promover uma aliança com uma Rússia recuperada e fortalecida. Brzezinski divide o tabuleiro eurasiano em quatro regiões geopolíticas – o oeste ou "cabeça de ponte democrática" (a Europa), o espaço médio ou "buraco negro" (a ex-URSS), o sul ou "Bálcãs eurasianos" (o Oriente Médio, o centro e o sul da Ásia) e o leste ou "âncora oriental" (o Extremo Oriente e o Sudeste asiático) –, procurando esquematizar a desejável atuação norte-americana para cada uma delas.

Regiões geopolíticas da Eurásia segundo Brzezinski

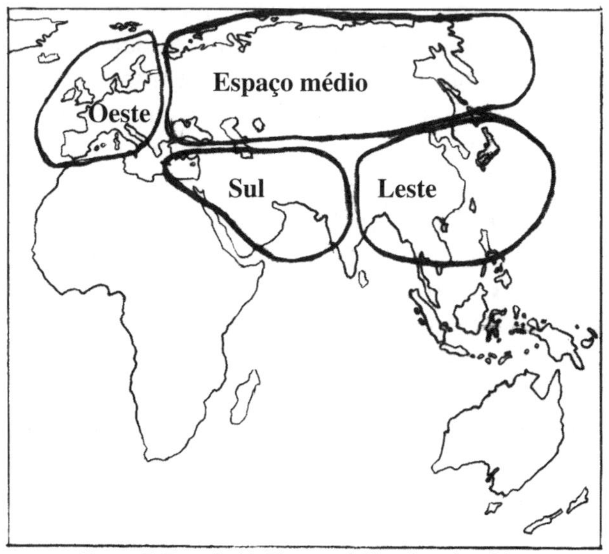

Fonte: Z. Brzezinski. *The grand Chessboard*, p. 34.

Na Europa, vista como uma "aliada natural" e verdadeira cabeça de ponte para o controle da Ásia, o ideal seria estreitar ainda mais os laços por meio do fortalecimento e da expansão da OTAN e até mesmo, especula, da criação de uma "zona de livre comércio transatlântica"[40]. Mas seria necessário ter "muito cuidado com os dois principais arquitetos da Europa", isto é, com a França e com a Alemanha. Para a França, a unificação europeia significa recuperar o passado francês de grandeza; existiria aí um ressentimento contra a "americanização" da cultura ocidental e, segundo as palavras de Charles de Gaulle, a "genuína Europa vai do Atlântico até os Urais"[41] [no território russo]. Na França, "o país que inventou o conceito de soberania nacional e transformou o nacionalismo em uma religião cívica", existiria nas elites políticas uma crença de que esse Estado ainda é uma grande potência mundial. Daí a insistência no desenvolvimento de armas nucleares próprias e também a manutenção, até hoje, do papel de líder militar (guardião da segurança) dos países africanos de língua francesa. Pela percepção da França, a unificação europeia deveria ampliar a liderança francesa no continente e afastar gradualmente a influência americana[42]. Só que não pode haver uma Europa unificada sem a economia mais poderosa, a alemã. E para a Alemanha a unificação europeia é vista como uma "redenção nacional" e o importante seria promover os interesses europeus (e não tanto os germânicos, pois isso traria de volta antigos ressentimentos dos seus vizinhos). Os líderes alemães conhecem a fraqueza político-militar da França, evidenciada em conflitos como no Golfo (1991) ou nos Bálcãs, e preferem continuar aliados dos Estados Unidos[43]. Eles sabem que sem a OTAN não haveria segurança no continente e até os franceses teriam começado a admitir isso em 1995, quando novamente os seus ministros militares passaram a frequentar as reuniões desse tratado militar. Enquanto a França seria reticente com a expansão da OTAN para o Oriente, argumentando que é importante dialogar antes com a Rússia (ela seria o principal interlocutor europeu desse Estado, devido à necessidade de ter uma autonomia perante os EUA e forçar uma liderança no continente), a Alemanha pelo contrário pensa que tanto a União Europeia quanto a OTAN devem se expandir para o Leste Europeu, vendo isso inclusive como algo prioritário[44]. Nessas condições, o principal objetivo dos Estados Unidos seria o de auxiliar a unificação (e expansão para leste) da Europa com base numa "conexão franco-germânica", pois sem esses dois países não há uma Europa integrada, mas com uma clara preferência pela liderança alemã: "Isso requer um enérgico e decisivo envolvimento norte-americano, especialmente junto com a Alemanha, no sentido de definir os objetivos europeus e inclusive deliberar sobre esse tema tão delicado – especialmente para a Rússia – que é o *status* dentro da Europa das Repúblicas bálticas e da Ucrânia"[45]. E o mesmo se aplica à OTAN, que deveria ser preservada, fortalecida e expandida para leste (incluindo até mesmo, e preferencialmente, a Ucrânia) por meio de uma estreita cooperação entre os Estados Unidos e a Europa, notadamente a Alemanha, tentando uma acomodação com a Rússia mas nunca esquecendo que "a tarefa de construção da Europa não pode estar subordinada às objeções russas"[46].

No espaço médio ou atual "buraco negro" da Eurásia – que teria sido gerado pelo esfacelamento da URSS e a criação de uma espécie de vácuo de poder –, a preocupação essencial dos Estados Unidos seria a de incentivar a democratização da Rússia (e também a sua recuperação econômica, desde que baseada numa verdadeira economia de mercado) e, principalmente, evitar que esse país volte a realizar o seu antigo sonho de construir um imenso e poderoso império eurasiano[47]. A desintegração da URSS e a crise econômica e política produziram um enorme declínio do *status* geopolítico da Rússia. Grande parte do seu acesso ao mar Báltico foi perdido com a independência e o afastamento das três nações bálticas – Lituânia, Estônia e Letônia –, que inclusive nunca aceitaram participar da CEI. E o caso da Ucrânia foi pior ainda, já que a autonomia desse imenso e rico território com 52 milhões de habitantes que possuem uma identidade étnica e religiosa próxima à russa obrigou a nação russa a repensar a sua própria identidade étnica e política (eles estavam acostumados a considerar "russos" todos os povos eslavos da ex-URSS, algo que ainda fazem com os chechenos e outras etnias que não se consideram como tal). A independência da Ucrânia e a sua firme atuação na CEI, no sentido de não admitir forças armadas ou moeda unificadas (como queria a Rússia), adquirindo portanto uma efetiva autonomia nacional, teria mostrado aos outros povos não russos da ex-URSS, inclusive eslavos, que é possível se libertar do mando de Moscou. Além disso, a Ucrânia tinha uma enorme importância geoestratégica para a Rússia por permitir o controle quase total do mar Negro (e, por intermédio dele, o comércio direto com o Mediterrâneo). E no sul da ex-URSS, na Ásia central, a autonomia das antigas Repúblicas fez com que o mar Cáspio deixasse de ser um lago soviético e essa região passou a se tornar cada vez mais islâmica, com crescente influência da Turquia, do Irã e até do Paquistão. E finalmente, na parte leste, apesar de não ter havido perda territorial, ocorreu uma mudança dramática na correlação de forças em face do rápido enfraquecimento político-militar e econômico da Rússia e um correlato fortalecimento da China; a crise russa, também demográfica (ocorreu uma diminuição substancial da expectativa de vida nos anos 1990, as taxas de mortalidade geral e infantil aumentaram, a taxa de natalidade ficou menor que a de mortalidade, o que significa um índice negativo de crescimento populacional), ao lado da crescente dinamicidade do 1,2 bilhão de chineses, faz com que "os enormes vazios espaciais da Sibéria estejam em vias de serem colonizados pela China"[48]. Só que as lideranças russas ainda não se deram conta da profundidade das alterações geopolíticas e continuam a considerar o seu país como uma superpotência. Elas se ressentem da atuação global ativa dos EUA, que "desconsideraria a Rússia como um interlocutor e parceiro". Mas sob o ponto de vista de Washington, adverte Brzezinski, somente o Japão, a Alemanha e a China poderiam ser admitidos como parceiros globais (para a resolução de problemas que atravanquem os negócios, a globalização, a nova ordem), e a Rússia poderia ser no máximo um parceiro regional para algumas partes da Eurásia[49]. A Rússia, portanto, seria antes de tudo um problema: ela é demasiado fraca para ser um ator global, mas ainda forte para ser simplesmente ignorada ou considerada um objeto passivo (como um peão no jogo de xadrez). Somente quando a Rússia aceitar a nova realidade econômica e geopolítica, aí então estará apta a ser beneficiada por um enorme alargamento da cooperação transcontinental nos investimentos e no comércio, nas comunicações e na educação; ela deve esquecer a sua "ambição imperial" e embarcar como um passageiro comum no trem da europeização, modernização e democratização[50]. Num depoimento prestado ao Comitê de Relações Exteriores do Senado norte-americano, a respeito da guerra do Kosovo, Brzezinski comentou que as lideranças políticas russas "não são confiáveis" e teriam feito um jogo dúbio, aparentemente se integrando às forças de paz da OTAN, mas, ao mesmo tempo, apoiando incisivamente (inclusive fornecendo armas) o regime genocidário de Milosevic; ele conclui o depoimento afirmando que "infelizmente, os atuais líderes russos – que se sentiriam mais confortáveis se ainda estivessem num governo soviético – são conduzidos pela nostalgia de um poder global e pelo ressentimento contra a América"[51]. Os russos afinal teriam que decidir o que significa "Rússia" – qual é exatamente o seu povo ou nação, o seu território e os seus interesses futuros. A "melhor escolha" para a Rússia (e para os EUA), afirma Bzezinski, seria optar por ser um país europeu, democrático e federativo (portanto, sem o centralismo em Moscou e a repressão sobre os territórios e repúblicas que pleiteiam maior autonomia), com um consequente alinhamento em favor dos Estados Unidos[52]. Contribuir para essa escolha – e ajudar na sua operacionalização – seria uma tarefa da política externa norte-americana (e também da União Europeia), pois com essa ocidentalização da Rússia a Eurásia ficaria menos instável, havendo a curto prazo uma diminuição das tensões no Leste Europeu e na própria Rússia (os povos-territórios subjugados), e a longo prazo também na Ásia central e em outras partes desse imenso continente.

A terceira região geopolítica que Brzezinski identifica na Eurásia é apelidada de "Bálcãs eurasianos" devido à amplitude dos conflitos étnicos e territoriais. Essa região, que vai da Turquia até a Índia e o extremo oeste da China, passando pelo Oriente Médio e abarcando também a Ásia central, seria uma zona de instabilidade e constantes lutas por poder, na qual os Estados Unidos desempenhariam o papel de árbitro em última instância. Ela é riquíssima em fontes de energia (petróleo e gás natural) e minerais importantes, inclusive ouro. Existe aí não apenas inúmeras disputas fronteiriças, mas também movimentos separatistas e violentos conflitos étnicos e até religiosos. Os principais competidores ou protagonistas importantes nessa região seriam a Rússia, o Irã, a Turquia, a China, a Índia, o Paquistão e, mais remotamente, a Ucrânia. A Rússia teria interesses na Ásia central devido à memória ainda fresca do seu controle imperial, que muitos de seus líderes gostariam de restaurar, e também pela presença de povos russos nesses novos países independentes: eles representariam 35% da população do Cazaquistão, 21,5% da Quirguízia, 10% da Turcomênia, 8,3% do Uzbequistão, 3,5% do Tadiquistão e 2,5% do Azerbaijão. Mesmo levando-se em conta que desde os anos 1980 as taxas de natalidade e de crescimento demográfico dos povos não russos, em especial os islâmicos, têm sido bem maiores que as dos russos, sem dúvida que existe aí um "caldeirão étnico" mal resolvido, como afirma Brzezinski, pois existem também inúmeras outras misturas na medida em que, para exemplificar, os uzbeques representam 10% da população da Turcomênia, 13% da Quirguízia e 25% no Tadiquistão; os tajiques representam 25% da população do Afeganistão; e os ucranianos representam 5,3% da população do Cazaquistão e 2,5% da Quirguízia. Do ponto de vista cultural e linguístico, o Tadiquistão é persa (ou seja, ligado ao Irã); o Afeganistão (fora da ex-URSS) é parte persa e parte paquistanês; e quatro dos novos Estados – a Quirguízia, a Turcomênia, o Uzbequistão e o Azerbaijão – seriam membros do "mundo turco"[53]. Os principais candidatos a potências regionais da Ásia central seriam o Cazaquistão e o Uzbequistão, os dois países com maiores PNBs e populações. Mas o Cazaquistão estaria enfraquecido pelo mosaico étnico (35% de russos e 20% de outras etnias – ucranianos, germânicos, tártaros etc. – na sua população) e pela dificuldade em desenvolver um nacionalismo efetivo. O Uzbequistão, portanto, apesar de menor território e recursos em comparação com o Cazaquistão, seria o primeiro candidato a liderar os países da Ásia central, especialmente pela sua maior homogeneidade étnico-nacional. Brzezinski aconselha uma certa cautela para os Estados Unidos nessa região, pois esse país está muito distante para aí atuar diretamente e, ao mesmo tempo, é muito poderoso para deixar de influir nos acontecimentos decisivos. O melhor seria impedir que um único poder – seja a Rússia, a Turquia, o Irã ou até a China – seja hegemônico nessa região, embora sem afastar ou excluir nenhum deles, e principalmente facilitar o acesso da "comunidade global" (os interesses econômicos e financeiros) até essa região[54].

Quanto à última grande região eurasiana, o leste ou "âncora oriental", Brzezinski a vê como decisiva, o lugar onde grandes alterações geopolíticas de alcance global podem vir a ocorrer. Algumas mudanças significativas que já vêm acontecendo nessa região são: a ascensão da China como a potência regional dominante, tanto pela força militar quanto pela economia cada vez mais poderosa; o declínio da Rússia, que deixou de ser um poder dominante; a crescente militarização do Japão, que aos poucos passa a ter maior autonomia político-militar em relação aos Estados Unidos; e a virtual reunificação das Coreias tendo-se em vista que a tensão entre elas diminuiu bastante, o que poderá se constituir num problema para os seus vizinhos[55]. A China, inquestionavelmente uma potência regional, tem ambições de se tornar um poder global, algo que talvez venha a ocorrer entre duas ou três décadas, mas que antes terá de superar enormes desafios: a modernização das forças armadas já vem consumindo cerca de 20% do PNB a cada ano (algo que, tal como no exemplo soviético, pode ter um efeito negativo na economia); a importação de comida torna-se cada vez mais essencial para alimentar essa imensa e crescente população; o consumo de energia já começa a superar a produção nacional; e as tensões políticas, sociais e étnicas podem se agravar com a crescente disparidade social (a distribuição social da renda torna-se a cada ano mais concentrada) e também espacial (é cada vez maior a diferença entre o leste e particularmente o sul da China, que se modernizam e globalizam, e o restante do país, no qual há muita pobreza e cem milhões de desempregados). Além disso, também existem os desafios geopolíticos mais imediatos que a China terá de confrontar. Um deles é a vizinha Índia, que também se moderniza econômica e militarmente e tenta consolidar a sua posição hegemônica no sul da Ásia. Outro é que a Rússia tende a se retirar da disputa na Europa e no leste da Ásia, mas concentra seus esforços na Ásia central, exatamente a região na qual a China tem crescentes interesses em razão da necessidade de fontes de energia. E uma eventual aliança entre a Índia e a Rússia, algo nada difícil segundo Brzezinski, poderia ser um poderoso freio contra a expansão chinesa, especialmente se complementada pelo lado sudeste por uma forte oposição do Vietnã e da Indonésia (esta provavelmente resguardada pela Austrália)[56]. E uma Coreia reunificada e quase certamente alinhada com o Ocidente seria um cenário desagradável para a China, que tenta de todas as maneiras apoiar/influenciar o atual regime da Coreia do Norte para impedir ou retardar essa reunificação. Tendo em conta tudo isso, Brzezinski não acredita que a China consiga alcançar o *status* de potência global, emulando em condições de igualdade com os Estados Unidos. Ele crê que ela vai acabar se contentando com o *status* de potência regional e inclusive poderá colaborar com os Estados Unidos – um país em relação ao qual a China não tem o intenso ódio que cultiva contra a Rússia e o Japão, devido a humilhações sofridas no passado – no sentido de manter a paz na região, sendo um coator na manutenção da estabilidade necessária para o prosseguimento dos negócios nos quais a economia chinesa está cada vez mais integrada. Evidentemente esse deveria ser o escopo da estratégia norte-americana em relação à China, ou seja, não confrontá-la diretamente (isso nem é necessário diante dos imensos desafios que ela enfrenta) e sim procurar torná-la uma aliada na manutenção da estabilidade no Sudeste asiático e no Extremo Oriente. Quanto ao Japão, ele viveria hoje um dilema, preocupado com o crescimento da China e com a sua dependência militar dos Estados Unidos. Haveria uma ambiguidade na visão dos japoneses, pois uma parcela da população identifica-se com a cultura oriental ou confuciana e vê com bons olhos a ascensão da China, ao passo que outra parcela encara a China como o tradicional e mais perigoso inimigo, como um ator que pode desestabilizar a região e até o poderio econômico japonês[57]. Se do ponto de vista econômico o Japão é um protagonista global de primeira linha (assim como a Alemanha e, evidentemente, os Estados Unidos), sob o aspecto geopolítico ele é fraco e não possui sequer uma atuação geoestratégica no

Extremo Oriente. A reunificação da Coreia poderia ser uma boa oportunidade para redefinir os interesses geopolíticos do Japão, desde que ocorresse entre eles uma provável reconciliação e cooperação. Mas o ideal para os Estados Unidos, opina Brzezinski, seria atuar cuidadosamente no sentido de estabelecer um arranjo: a China se acomodaria como a potência regional nessa parte da Eurásia e o Japão teria uma atuação internacional mais ativa, passando a se envolver – não tanto militarmente, mas sim diplomática e economicamente – nos problemas globais[58] e, talvez até, especula, conseguindo um assento permanente no Conselho de Segurança da ONU.

Em resumo, tanto Kissinger quanto Brzezinski (e também, embora com importantes nuanças, Huntington) identificam-se com o chamado realismo – a corrente que vê somente ou principalmente o Estado nacional como protagonista no cenário mundial e a sua atuação tem por base não ideais (democracia, direitos humanos, igualitarismo etc.) e sim interesses materiais – e ambos, especialmente Brzezinski, são quase que continuadores da tradição geopolítica clássica. Kissinger e Brzezinski raciocinam principalmente em termos geoestratégicos e estão preocupados, antes de tudo, com a manutenção da hegemonia global dos Estados Unidos. Dentro dessa limitada perspectiva, eles elaboram análises refinadas, coerentes com os fatos que selecionam. Se aceitarmos as suas premissas, se olharmos o espaço mundial como um tabuleiro de xadrez no qual os jogadores são os Estados e em especial as grandes potências, então as suas inferências e estratégias – notadamente as de Brzezinski, mais sofisticadas – são extremamente lúcidas e em grande parte corretas. Só que o mundo é mais complicado do que isso. Existem outras determinações e novos atores, que Kissinger e Brzezinski solenemente ignoram. Com a expansão dos problemas comuns da humanidade, com a atuação global cada vez mais importante de organizações não governamentais, de empresas "sem pátria" e até de instituições oficiais mas não ancoradas em nenhum governo específico, com a crescente percepção por parte das pessoas (mais adiantada em alguns lugares), de que os "problemas internacionais" também devem ser alvos de pressões e controle social, já não é mais possível continuar a enxergar o cenário mundial somente como um jogo de xadrez entre os Estados nacionais. Nesse sentido, outros pensadores – desde Ohmae e Naisbitt até Thurow, Luttwak e mesmo Huntington – conseguiram visualizar novas determinações no mundo, percebendo que ele é mais complexo do que uma simples disputa entre Estados. Eles conseguiram afinal superar o viés geopolítico clássico e assinalar, cada um à sua maneira, algo de novo na realidade mundial, o que falta em Kissinger e Brzezinski, malgrado a profundidade de algumas de suas análises. Em suma, faltou a estes ousadia, criatividade (ou talvez vontade, pois quem almeja cargos governamentais estratégicos deve ser cauteloso nas suas declarações e em seus escritos) para ir além do raciocínio geoestratégico e de fato repensar as relações de poder no âmbito planetário.

CONSIDERAÇÕES FINAIS

Afinal, quem tem razão? Os conflitos mundiais na atualidade são caóticos, sem lógica, ou direcionam-se no sentido da progressiva implementação da democracia liberal em todo o globo? Ou eles são essencialmente competições econômicas, envolvendo Estados e/ou megablocos? Ou eles seriam antes de tudo choques culturais, confrontando diferentes civilizações? Ou ainda, não permaneceriam basicamente enfrentamentos militares como sempre foram, ou seja, a força bruta é que determinaria em última instância quem domina uma região do mundo ou todo o globo?

Verdade é poder, assinalou Foucault[1]. E como não existe "o" poder, no singular, e sim *poderes* que são exercidos em lugares, instituições, discursos, relações sociais enfim, também existem *verdades*, que correspondem a diferentes representações dos personagens em lutas. Exercer um determinado poder é também produzir certa verdade, e não existem vencedores sem que as suas representações de mundo tenham alguma credibilidade.

Os atuais conflitos no espaço mundial são concomitantemente – em maior ou menor grau, dependendo do caso – econômicos, políticos, culturais, militares e até, no extremo, sem lógica no sentido da racionalidade cartesiana. Em certa medida, todas as "novas geopolíticas" retratam pelo menos um aspecto da realidade. Nenhuma é completamente absurda no sentido de não se adequar a quaisquer fatos ou acontecimentos, nenhuma é pura ficção descolada de toda realidade. Relativismo apenas? Não creio, pois não se afirma aqui que tudo é relativo, não se pretendeu nivelar todas as interpretações. Procuramos, isso sim, mostrar *por que* cada uma foi criada, as condições (algo que pressupõe o *sujeito* e o seu contexto) nas quais surgiu e qual seria afinal – e para quem seria – a sua *proposta de ação*. Afinal, abandonar a oposição maniqueísta entre verdade e mentira(s), entre o processo/essência e as aparências/ilusões, não significa cair num relativismo inconsequente. Ecletismo? Também não, pois este meramente justapõe ideias diferentes e às vezes antinômicas, sem uma coerência de pensamento. Preferimos então falar em *pluralismo*, assim entendendo todo pensamento que admite múltiplas verdades (embora elas tenham sujeitos e consequências diferenciados), e que – mantendo a sua lógica ou coerência de pensamento – dialoga sem preconceitos com interpretações variadas.

É notável como ultimamente os adjetivos ou prefixos "novo" e "pós" são empregados em quase todos os lugares e ocasiões. A velocidade das mudanças se acelerou, as distâncias foram reduzidas, a tecnologia entrou numa fase de inovações radicais e os valores, as normas e os hábitos se transformam durante as nossas vidas, fazendo com que o mundo aparentemente deixe de ser coerente ou perfeitamente legível. Muitas noções ou formas de abordagem clássicas tornaram-se obsoletas ou no mínimo insuficientes. O conceito tradicional de "grande potência", com ênfase no poderio militar, é um dos inúmeros exemplos disso. E não somente ele deve ser repensado, como também todo o entendimento das relações mundiais de poder. As "novas geopolíticas" são exatamente tentativas de repensar a realidade pós-guerra fria, o mundo da globalização e da terceira revolução industrial.

Mas como esse mundo está sendo (re)construído, como existe um "em-se-fazendo" do qual participam as ideias e representações, as "novas geopolíticas" são igualmente projetos que se entrechocam. Afirmar que a geoeconomia substituiu a geopolítica, por exemplo, não é apenas olhar o mundo de uma certa perspectiva. É também fazer uma aposta – e inclusive tentar influenciar os rumos dos acontecimentos – na prevalescência da guerra comercial sobre a militar. E dizer que a lógica da História leva à universalização da democracia liberal não é uma mera interpretação diletante, mas essencialmente uma proposta de novas relações internacionais. E "ler" o mundo como a coexistência problemática de diferentes civilizações cujos valores são quase herméticos e não cambiáveis, implica basicamente um forte projeto de isolacionismo ocidental com uma correlata desconsideração pelas culturas alienígenas.

Não seria possível uma confluência de todas essas representações? Será que os choques civilizacionais – que efetivamente existem e continuarão a existir neste novo século – não produzirão maior tolerância e até novos valores em comum? Será que a consciência de um planeta único e os riscos apocalípticos dos armamentos pesados não conduzem a uma cautela com a intimidação militar? Será que a diminuição do tamanho do mundo e as recentes tecnologias de informação e de velocidade não implicarão novas e mais paritárias regras de sociabilidade entre os povos? Isso não seria a expansão da democracia, mesmo que não puramente ocidental nem liberal? Quem disse, afinal, que *uma* alternativa tem que vencer? A história não nos fornece inúmeros exemplos de processos cujos resultados foram diferentes dos projetos inicialmente em choque, em que no final das contas ocorreu a mesclagem de propostas (ou de parte delas) e inclusive o surgimento do novo?

O desconhecido por definição não está cartografado. Não existem mapas indicando aquilo que ainda não se conhece direta ou indiretamente. Se as novas geopolíticas são como mapas que procuram representar o mundo do século XXI, elas são em parte rigorosas, pois usam métodos e noções consagrados, mas elas também são em boa parte como aqueles desenhos que indicavam um fantasioso "mapa da mina", isto é, expressam desejos e imaginações que às vezes nada têm de factíveis. Provavelmente não existe nenhum tesouro à nossa espera no final da história, e talvez até a história ou a aventura humana não tenha fim, pelo menos não no sentido de completitude. O único fim imaginável é a morte coletiva, o desaparecimento da espécie humana. Mas seria possível modificar completamente a história – que sempre foi constituída por lutas, conflitos, guerras, revoluções, mudanças que (re)criam *gaps* e deslocam/excluem muitos –, fazendo com que ela realize a utopia de uma humanidade sem guerras, sem desigualdades, sem injustiças, sem mais nenhuma outra mudança radical? Ou esse sonho, como já foi sugerido, seria apenas a busca inconsciente do repouso eterno? O mais provável é que as transformações históricas jamais produzirão o "novo homem" – talvez a engenharia genética o faça, mas isso se dará somente no plano biológico –, isto é, aquele que não precisa mais lutar, que não tem mais nenhuma desigualdade ou injustiça contra a qual valha a pena combater. Só que isso não significa que as coisas sempre foram e vão ser iguais, que o "realismo" da política alicerçada tão somente em interesses pessoais ou "nacionais" (isto é, de elites dominantes) seja verdadeiro. Ele até costuma ser operacionalizado, em grande parte, na medida em que existem atores que agem por esse princípio. Mas também existem outros protagonistas que atuam visando certos ideais (sejam eles democráticos, religiosos, românticos etc., com diferentes matizes) e que possuem o seu peso, inclusive crescente no mundo atual.

Há algumas dúvidas que não podem ser equacionadas teoricamente. Elas dependem da história, que se desenrola sob a forma de um jogo, de um permanente equilíbrio instável entre a necessidade (as determinações, as condições dadas) e a contingência (o acaso, as lutas, o advento do novo). As nossas ideias e ações podem redefinir os acontecimentos, mas estes são a base na qual aquelas existem e sem a qual não fazem sentido. O ser histórico e social, como já foi dito, não é mais que um mundo de relações. Não podemos nos isolar do mundo – dos acontecimentos, das relações – embora possamos de alguma forma influir sobre ele. "Você pode não estar interessado na guerra, mas ela está interessada em você", consignou Trotski. Não fosse assim, então poderíamos fazer o mesmo que os dois persas retratados nos seguintes versos do heterônimo Ricardo Reis:

Ouvi contar que outrora, quando a Pérsia
Tinha não sei qual guerra,
Quando a invasão ardia na cidade
E as mulheres gritavam,
Dois jogadores de xadrez jogavam (...)
Ardiam casas, saqueadas eram
As arcas e as paredes,
Violadas, as mulheres eram postas
Contra os muros caídos,
Traspassadas de lanças, as crianças
Eram sangue nas ruas (...)
Quando o rei de marfim está em perigo,
Que importa a carne e o osso
Das irmãs e das mães e das crianças?[2]

NOTAS

INTRODUÇÃO

[1] Cf. Proença Jr., D.; Diniz, E. e Raza, S. G. *Guia de estudos de estratégia*. Rio de Janeiro: Zahar, 1996, p. 56.
[2] Cf. Wackermann, Gabriel. *Géopolitique de l'espace mondial*. Paris: Ellipses, 1997, p. 5.
[3] Cf. Claval, P. *Géopolitique et géoestratégie*. Paris: Nathan, 1994, p. 3.
[4] Krugman, P. *Globalização e globobagens*. Rio de Janeiro: Campus, 1999, p. 81.
[5] Lacoste, Y. *A Geografia – isso serve, em primeiro lugar, para fazer a guerra*. Campinas: Papirus, 1988, pp. 21-30; 127-38.
[6] Uma análise mais detalhada dessa característica fundamental da geopolítica clássica pode ser vista em Vesentini, J. W. *A capital da geopolítica*. São Paulo: Ática, 1997, 4ª edição, pp. 52-61.
[7] Cf. Thompson, E. et alii. *Exterminismo e guerra fria*. São Paulo: Brasiliense, 1979.

AS GEOPOLÍTICAS CLÁSSICAS E A SUA CRISE

[1] Este capítulo, em grande parte, tem como base um ensaio nosso: Vesentini, J. W. "O apogeu e o declínio da geopolítica". In: *Revista do Departamento de Geografia*. São Paulo, FFLCH-USP, 1997, n. 11 pp. 19-28.
[2] Cf. Thorndike Jr., J. *Geopolítica*. In: *Boletim Geográfico*. Rio de Janeiro, IBGE, n. 6, ano I, 1943, pp. 15-26. Todavia, Paul Claval (*Géopolitique et géostratégie*. Paris, Nathan, 1994, pp. 3-4) afirma que Kjellén teria forjado o termo geopolítica em 1899.
[3] Apud Lorot, P. *Histoire de la Géopolitique*. Paris: Economica, 1995, pp. 17-8.
[4] O famoso livro de Lênin – *Imperialismo, fase superior do capitalismo* [1916] – foi apenas uma das inúmeras obras da época que percebiam esse clima de pré-guerra e teorizavam sobre a (pretensa) "natureza inevitável" do conflito militar entre as grandes potências capitalistas.
[5] Cf. Proença Jr, D., Diniz, E. e Raza, S. G. – *Guia de estudos de estratégia*, op. cit., pp. 96-7.

[6] Cf. THORNDIKE Jr., J. *Geopolítica,* op. cit., pp. 15-26.

[7] Cf. PROENÇA Jr, D., DINIZ, E. e RAZA, S. G., op. cit., p. 99.

[8] PROENÇA Jr, D., DINIZ, E. e RAZA, S. G., op. cit., pp. 96-106, afirmam que Mahan era dogmático (não admitia críticas ou interlocutores que duvidassem da centralidade do poder marinho) e não conseguiu atualizar suas ideias diante das mudanças estratégicas e tecnológicas que ocorriam na construção naval de sua época (necessidade da divisão da esquadra, passagem para o vapor, uso do rádio e de submarinos etc.).

[9] ARON, R. *Paz e guerra entre as nações.* Brasília: Editora Universidade de Brasília, 1986; especialmente Parte III – "O sistema universal da idade termonuclear"–, na qual o autor vê os EUA como o "poder marítimo" em oposição ao "poder terrestre" (o "urso"), representado pela ex-URSS.

[10] Cf. COSTA, W. M. da. *Geografia política e geopolítica.* São Paulo: Edusp, 1992, pp. 69-91.

[11] MACKINDER, H. The Geographical Pivot of History. In: *Geogaphical Journal*, 1904, n. 24, pp. 421-37.

[12] Na revista *Geographical, The monthly magazine of the Royal Geographical Society*, vol. LXII, n. 11, nov. de 1990, existe um resumo e uma resenha a respeito dessa obra.

[13] MACKINDER – *The Geographical Pivot of History* – op. cit., p. 150. É interessante, a título de curiosidade, lembrar que os geopolíticos brasileiros, desde os anos 1920 até a década de 1970, procuraram aplicar essas ideias mackinderianas e encontrar o *heartland* da América do Sul ("quem o dominar controlaria o subcontinente"), que para a maioria deles (Mário Travassos, Golbery do Couto e Silva e outros) encontrava-se no "planalto central", isto é, na região onde se construiu a nova capital federal do Brasil. Para uma análise crítica disso, cf. VESENTINI, J. W. *A capital da geopolítica,* op. cit., pp. 62-100.

[14] ARON, R. – op. cit., p. 265.

[15] Cf. SILVA, A. B. da. *Do povo sem espaço ao espaço sem povo. Uma análise da Zeitschrift für Geopolitik.* Dissertação de Mestrado. São Paulo, Depto. de Geografia, FFLCH-USP, 1996.

[16] SILVA, A. B. da. Op. cit., pp. 91 e 126-8.

[17] Cf. MELLO, Leonel I. A. *Quem tem medo da geopolítica?* São Paulo: Hucitec/Edusp, 1999, p. 79.

[18] Cf. LOROT, P. *Histoire de la Géopolitique.* Op. cit., pp. 29-34.

[19] Cf. SILVA, A. B. da. Op. cit., que traduziu essa carta e a incluiu como um anexo no seu trabalho.

[20] Hermann Rauschining, apud MELLO, L. I. A. *Quem tem medo da geopolítica?* Op. cit., p. 76.

[21] LACOSTE, Y. Op. cit., pp. 207-44, explica por que eles resolveram chamar essa revista de Heródoto – o conhecido "pai da história", que seria também o fundador da geopolítica ou da "verdadeira geografia" ao construir, na sua interpretação, "um saber apropriado ao imperialismo ateniense".

[22] Cf. PARKER, G. *Geopolitics – past, present and future.* Washington: Pinter, 1998, pp. 47-57, que assinalou que "em janeiro de 1976, trinta anos após o suicídio de Haushofer, a geopolítica retornou a partir de uma nova revista, *Hérodote*, editada por Yves Lacoste (...) mas agora, a antiga *Geopolitik* transformou-se numa *geopolítica crítica.*"

[23] Cf. CASTORIADIS, C. *Diante da guerra.* São Paulo: Brasiliense, 1882; e também THOMPSON, E. e outros – *Exterminismo e guerra fria,* op. cit.

[24] Em um livro da época (VESENTINI, J. W. *Imperialismo e geopolítica global.* Campinas: Papirus, 1987), discutimos amplamente esse dilema, confrontando as tradicionais ideias do marxismo-leninismo sobre as relações de poder no âmbito internacional (a teoria do imperialismo) com as então novas ideias geopolíticas.

[25] Cf. KENNEDY, P. *Ascensão e queda das grandes potências.* Rio de Janeiro: Campus, 1989, pp. 342-415.

[26] Cf. SAGAN. C. e outros. *O inverno nuclear.* Rio de Janeiro: Francisco Alves, 1985.

[27] As guerras do golfo (1991) e do Kosovo (1999) comprovam isso. Abordaremos esse tema com mais detalhes no capítulo "As mudanças do poderio militar e as redefinições geoestratégicas".

[28] Cf. KENNEDY, P. Op. cit., pp. 436-47.

AS DISPUTAS MUNDIAIS DE PODER SÃO ESSENCIALMENTE ECONÔMICAS?

[1] LUTTWAK, E. N. From Geopolitics to Geo-Economics: Logic of conflict, grammar of commerce. In: *The National Interest.* n. 20, julho de 1990, reproduzido in TUATHAIL, G. DALBY, S. e ROUTLEDGE, P. *The geopolitics reader.* New York: Routledge Edition, 1997, pp. 125-31.

[2] LUTTWAK, E. N. Op. cit., p. 126.

[3] Cf. LUTTWAK, E. N. Op. cit., pp. 128-9.

[4] LUTTWAK, E. N. "Depois do primeiro ato". In: *Folha de S. Paulo,* 7/5/2000, Caderno Mais!, p. 6.

[5] Idem, p. 10.

[6] THUROW, L. *Cabeça a cabeça. A batalha econômica entre Japão, Europa e Estados Unidos.* Rio de Janeiro: Rocco, 1993, p. 13 e p. 26.

[7] THUROW. L. Op. cit., p. 27. Nessa obra ele ignora a China e vê a Rússia tão somente como "uma carta fora do baralho", ou seja, um protagonista que já participou do jogo mas perdeu a sua chance e agora está excluído.

[8] Cf. THUROW, L. *O futuro do capitalismo.* Rio de Janeiro: Rocco, 1997, pp. 13-36.

[9] THUROW, L. Op. cit., p. 15.

[10] THUROW, L. Op. cit., p. 413-4.

[11] THUROW, L. Op. cit., p. 398.

[12] Palavra usada primeiramente por Kenechi Ohmae (*O poder da tríade.* São Paulo: Pioneira, 1985) e logo amplamente reproduzida por outros autores e pela mídia.

[13] Cf. FOUCHER, Michel. "Nasce o mundo plural". In: *World Media – A nova desordem mundial-1.* Caderno especial da *Folha de S. Paulo* de 19 de dezembro de 1990, p. 2. Esse *World Media*, uma parceria de publicações entre vários jornais importantes (*The Guardian*, no Reino Unido, *Libération*, na França, *El País,* na Espanha, e inúmeros outros), foi um dos grandes divulgadores de ideias desse tipo (os "blocos" seriam os novos principais atores da geopolítica mundial) entre o público em geral.

[14] Cf. HAESBAERT, R. *Blocos internacionais de poder.* São Paulo: Contexto, 1990, p. 85.

[15] OHLIN, G. "O sistema multilateral de comércio e a formação de blocos". In: *Política externa.* Rio de Janeiro: Paz e Terra, 1992, n. 2, vol. I, pp. 58-60.

[16] WALLERSTEIN, I. *Geopolitics and geoculture.* Nova York: Cambridge University Press, 1991, p. 3.

[17] Cf. TAYLOR, P. J. *Political Geography.* Essex: Longman, 1989; e também TAYLOR, P. J. *Géographie politique et sistéme-monde.* In: LÉVY, J. (org.). *Géographies du politique.* Paris: PFNSP, 1991, pp. 175-90.

[18] Cf. TAYLOR, P. J. *Géografhie politique et sistème-monde.* Op. cit., p. 181.

[19] Cf. WALLERSTEIN, I. Op. cit., pp. 12-13 e pp. 218-219. Não deixa de ser curioso que a ideia de uma "nova ciência" – não cartesiana, que não fragmentasse o real e levasse em conta a intuição, a sensibilidade, a emoção – era algo fortemente arraigado na República de Weimar e na geopolítica alemã dos anos 20, 30 e 40.

[20] Cf. TUATHAIL, G. O., DALBY, S. e ROUTLEDGE, P. *The geopolitics reader.* Op. cit., pp. 245-255.

[21] WALLERSTEIN, I. "A ruína do capitalismo". In: *Folha de S. Paulo,* 17/10/1999, Caderno Mais!, p. 9. Essa mesma crença de que o capitalismo está na sua fase final, que ele vai durar no máximo 35 ou 50 anos e que estaríamos vivendo hoje uma transição conflituosa, pode ser encontrada em WALLERSTEIN, I. *Globalization or The Age of Transisition?,* papers of Fernand Braudel Center, Binghamton University, 1999.

[22] Não confundir esta nova e difundida ideia (liberal) de globalização, nascida nos anos 80 no Japão e principalmente nos Estados Unidos, com a já clássica teoria da mundialização do capitalismo, de inspiração marxista e sistematizada pela Escola dos *Annales* e autores subsequentes (Wallerstein e outros).

[23] Cf. OHMAE, K. *O fim do Estado-nação. A ascensão das economias regionais.* Rio de Janeiro: Campus, 1996, pp. 73-82.

[24] OHMAE, K. Op. cit., pp. XX-XXI.

[25] OHMAE, K. Op. cit., p. XIII-XIV.

[26] Cf. OHMAE, K. Op. cit., pp. 1-14.

[27] Cf. OHMAE, K. Op. cit., pp. 83-95.

[28] Cf. OHMAE, K. Op. cit., p. 144.

[29] OHMAE, K. Op. cit., pp. 146-7.

[30] Cf. NAISBITT, J. *Paradoxo global.* Rio de Janeiro: Campus, 1994, p. 50.

[31] NAISBITT, J. Op. cit., p. 6.

[32] NAISBITT, J. Op. cit., pp. 5-6.

[33] NAISBITT, J. Op. cit., p. 32.

[34] NAISBITT, J. Op. cit., p. 46.

[35] NAISBITT, J. Op. cit., p. 49.

[36] NAISBITT, J. Op. cit., p. 41. Convém notar que, além do poder Executivo local (Prefeitura) e do Legislativo (Câmara), também o Judiciário – em quase todos os estados norte-americanos e não somente nessa comunidade específica – há várias décadas que é escolhido dessa forma, já que os cargos de juiz ou de promotor, além de outros (delegados de polícia, por exemplo), normalmente são preenchidos por meio de eleições entre as comunidades locais – e os candidatos sequer precisam ter o diploma do curso de Direito, mas apenas comprovar que conhecem a lei.

[37] NAISBITT, J. Op. cit., p. 42.

[38] Uso a noção política de esquerda no sentido proposto pelo "liberal-socialista" – como ele gosta de se definir – Norberto Bobbio (*Direita* e e*squerda.* São Paulo: Editora Unesp, 1995, pp. 95-119), segundo o qual a grande preocupação da

esquerda é com a questão das desigualdades sociais (e não, salvo raras exceções, com a utopia socialista), ao passo que a direita encararia isso como "natural" e estaria mais preocupada com a liberdade, em especial a do mercado.

[39] Cf. KENNEDY, P. *Preparando para o século XXI.* Rio de Janeiro: Campus, 1993.

[40] Cf., entre outros, CHOSSUDOVSKY, M. *A globalização da pobreza.* São Paulo: Moderna, 1999; e também o recente relatório do Banco Mundial – *New Directions in Development Thinking.* New York: World Bank, 2000.

[41] Cf. KENNEDY, P. Op. cit., pp. 49-61.

[42] KENNEDY, P. op. cit., pp. 115-6.

[43] Idem, p. 116-7.

[44] KENNEDY, P. Op. cit., pp. 95-6.

[45] Cf. KENNEDY, P. Op. cit., pp. 335-53.

[46] Idem, p. 353.

OS CHOQUES CULTURAIS MARCARÃO O SÉCULO XXI?

[1] HUNTINGTON, S. P. Choque das civilizações? In: *Política Externa.* Rio de Janeiro: Paz e Terra, 1994, vol. 2, n. 4, p. 120.

[2] Cf. HUNTINGTON, S.P. Civilizações ou o quê? Paradigmas do mundo pós-guerra fria. In: *Política externa,* Op. cit., pp. 169-170.

[3] HUNTINGTON, S. P. – Idem, pp. 177-8.

[4] HUNTINGTON, S. P. – *Choque das civilizações?* Op. cit., p. 125.

[5] HUNTINGTON, S. P. *O choque de civilizações e a recomposição da ordem mundial.* Rio de Janeiro: Objetiva, 1997, pp. 19-20.

[6] Cf. HUNTINGTON, S. P. Op. cit., pp. 193-5.

[7] Cf. HUNTINGTON, S. P. Op. cit., pp. 222-4.

[8] Cf. HUNTINGTON, S. P. Op. cit., pp. 97-106.

[9] HUNTINGTON, S. P. Op. cit., p. 410.

[10] HUNTINGTON, S. P. Op. cit., p. 78.

[11] CF. HUNTINGTON, S. P. Op. cit., p. 403.

[12] MAHBUBANI, D. Os perigos da decadência. O que o resto do mundo pode ensinar ao Ocidente. In: *Política externa.* Rio de Janeiro: Paz e Terra, 1994, vol. 2, n. 4, pp. 142-6.

[13] AJAMI, F. A convocação. In: *Política externa.* Op. cit., pp. 161-167.

[14] BINYAN, L. Enxerto de civilizações. Nenhuma cultura é uma ilha. In: *Política e externa.* Op. cit., pp. 153-4.

A DEMOCRACIA LIBERAL TENDE A DOMINAR TODO O MUNDO?

[1] Cf. FUKUYMA, F. The end of History? In: *The National Interest.* Outubro de 1989, n.16, reproduzido in TUATHAIL, G. DALBY. S. e ROUTLEDGE, P. *The geopolitics reader.* Op. cit., pp. 114-24.

[2] O próprio Fukuyama admite que leu Hegel a partir da interpretação de Alexandre Kojève, fato reafirmado por inúmeros filósofos (Cornelius Castoriadis, Edgard Morin e outros) que comentaram esse seu texto.

[3] FUKUYAMA, F. Op. cit., p. 114.

[4] Cf. FUKUYAMA, F. Op. cit., p. 115. Ele ainda usa a noção de Homem [*man*] como sinônimo de humanidade.

[5] Idem, p. 115.
[6] Cf. Fukuyama, F. Op. cit., p. 116.
[7] Fukuyama, F. Op. cit., p. 124.
[8] Cf. Fukuyama, F. *O fim da História e o último Homem.* Rio de Janeiro: Rocco, 1992, pp. 14-5.
[9] Idem, p. 15.
[10] Cf. Fukuyama, F. Op. cit., pp. 69-82.
[11] Idem, p. 21.
[12] Nietzsche, apud Fukuyama, F. Op. cit., p. 374.
[13] Fukuyama, F. *A grande ruptura.* Rio de Janeiro: Rocco, 2000, pp. 18-22.
[14] Idem, p. 290.
[15] Cf. Anderson, P. *O fim da História. De Hegel a Fukuyama.* Rio de Janeiro: Zahar, 1992; Castoriadis, C., Morin, E. e outros. O fim da História?, In: Lefort, B. (coord.). *Sobre o fim da História.* Petrópolis: Vozes, 1995.
[16] Bush, G. Toward a new world order. In: Public papers of the president of The United States, 1991, reproduzido em Tuathail, G., Dalby, S. e Routledge, P. *The geopolitics reader.* Op. cit., pp. 131-8.
[17] Panikkar, R. *É a noção dos direitos do homem um conceito universal?* In: *Diógenes.* Brasília, Editora da UnB, n. 5, 1983, pp. 5-28.
[18] Panikkar, R. op. cit., p. 11.
[19] Idem, p. 14.
[20] Idem, p. 21.
[21] Idem, p. 24.
[22] Cf. Agnew, J. Democracy and human rights after the cold war. In: Taylor, P., Watts, P. J. e Johnson, R. J. (ed.). *Geographies of global change.* Oxford, Blackwell, 1996, pp. 82-96.
[23] Cf. Vesentini, J.W. A nova ordem mundial – território, soberania e democracia. In: *Revista do Depto. de Geografia.* São Paulo, FFLCH-USP, 1994, nº 8, pp. 103-106.
[24] Cf. Wildinson, P. Soberania, outro princípio revisto. In: *The Guardian,* reproduzido em *O Estado de S. Paulo,* 18/01/93.
[25] Cf. Hobsbawn, Ash, Fukuyama e Luttwak. Depois do primeiro ato. Debates sobre a guerra do Kosovo. In: *Folha de S. Paulo,* 7/5/2000, caderno Mais!.
[26] Cf. Fukuyama, F. *Depois do primeiro ato.* Op. cit., p. 7.
[27] Cf. Luttwak, E. *Depois do primeiro ato.* Op. cit., p. 6.

A NOVA (DES)ORDEM SERIA CAÓTICA OU DESPROVIDA DE SENTIDO?

[1] Ramonet, I. *Geopolítica do caos.* Petrópolis: Vozes, 1998, pp. 7-8.
[2] Ramonet, I. Op. cit, p. 147.
[3] Ramonet, I. Op. cit., pp. 20-1.
[4] Ramonet, I. Op. cit., p. 57.
[5] Ramonet, I. Op. cit., p. 49.
[6] Ramonet, I. Op. cit., p. 78.
[7] Ramonet, I. Op. cit., p. 120.
[8] Cf. Laïdi, Z. *Sens et puissance dans le système international.* In: Laïdi, Z. (org.). *L'Ordre mondial relâché. Sens et puissance après la guerre froide.* Paris: Presses de la Fondation Nationale des Sciences Politiques. 1992, pp. 13-44.

[9] Laïdi, Z. Op. cit., p. 32.
[10] Idem, p. 30-31.
[11] Idem, p. 27.
[12] Idem, p. 41.
[13] Idem, p. 42.
[14] Idem, p. 44.
[15] Idem, ibidem.
[16] Minc, A. *A nova Idade Média.* São Paulo: Ática, 1994, pp. 6-7.
[17] Idem, p. 7.
[18] Idem, p. 46-7.
[19] Idem, p. 56.
[20] Idem, p. 86-7.
[21] Idem, p. 194-5.
[22] Minc, A. *As vantagens da globalização.* Rio de Janeiro: Bertrand Brasil, 1999, p. 7-8.
[23] Idem, pp. 18-9.
[24] Idem, pp. 22-3.
[25] Idem, pp. 26-8.
[26] Idem, p. 34.
[27] Idem, pp. 36-7. Convém notar que aqui o autor se refere explicitamente a obras superficiais que fizeram enorme sucesso na França e em outros países – em especial *Horror econômico*, de Viviane Forrester, que ele vê como "uma recusa irracional da globalização".
[28] Idem, pp. 84-5.
[29] Idem, p. 155.
[30] Idem, p. 192.
[31] Idem, p. 207.

AS MUDANÇAS NO PODERIO MILITAR E AS REDEFINIÇÕES GEOESTRATÉGICAS

[1] Perry, W. J. A defesa na era da esperança. In: *Gazeta Mercantil.* 08/11/96, encarte especial com uma edição brasileira da *Foreign Affairs*, pp. 9-14.
[2] Cf. Perry, W. J. Op. cit., p. 10.
[3] Idem, p. 12.
[4] Idem, ibidem.
[5] Toffler, A. e H. *Guerra e antiguerra.* Rio de Janeiro: Record, 1994, p. 95.
[6] Idem, p. 13. E também Proença jr, D. Diniz, E. e Raza, S. G. *Guia de estudos de estratégia*, op. cit., p. 181-2, que concluem o livro afirmando que o problema da segurança é antes de tudo um problema *nosso*, da sociedade como um todo.
[7] Essa é a ideia central do livro de Toffler, A. e H. *Guerra e antiguerra.* Op. cit.
[8] Perry, W. J. Op. cit., p. 14.
[9] Cf. Brunn, S. D., Jones, J. A. e O'Lear, S. *Geopolitical information and communications in the twenty-first century.* In: Vários. *Reordering the world. Geopolitical perspectives on the 21st century.* Oxford: Westview Press, 1999, pp. 292-318.
[10] Idem, p. 312.

[11] Cf. BECKER, E. EUA preparam-se para guerra cibernética. In: *The New York Times*, reproduzido em *O Estado de S. Paulo,* 10/10/99, caderno internacional, p. 22.
[12] Idem, ibidem.
[13] Cf. TOFFLER, A. e H. Op. cit., p. 99.
[14] Idem, p. 88.
[15] Idem, p. 94.
[16] KISSINGER, apud ELLIOT, M. Os bastidores do poder norte-americano. In: *Newsweek*, reproduzido em *O Estado de S. Paulo*, 10/4/2000.
[17] Idem, ibidem.
[18] Idem, ibidem.
[19] Cf. KISSINGER, H. A nova questão russa. In: *O Estado de S. Paulo,* 11/2/1992, caderno internacional, p. 2.
[20] Idem, ibibem.
[21] Cf. KISSINGER, H. Leste asiático, um desafio para os EUA. In: *O Estado de S. Paulo,* 15/6/1993, caderno internacional, p. 2.
[22] Idem, ibidem.
[23] Cf. KISSINGER, H. Nada se ganha fazendo da China um inimigo. In: *O Estado de S. Paulo,* 25/6/1998, caderno internacional, p. 2.
[24] Idem, ibidem.
[25] Idem, ibidem.
[26] KISSINGER, H. How the U.S. is wasting its global predominance. In: *Los Angeles Time*, 9/1/2000, Disponível em: www.latimes.com./news/reports/yugo/comment/20000109/t000002636.html.
[27] KISSINGER, H. EUA precisam abandonar política de ameaças. In: *O Estado de S. Paulo,* 7/6/1998, caderno internacional, p. 2.
[28] Idem, ibidem.
[29] KISSINGER, H. Diplomacia de Clinton mina supremacia dos EUA. In: *O Estado de S. Paulo,* 16/1/2000, caderno internacional, p. 2.
[30] Idem, ibidem.
[31] Cf. GARRITY, P. J. How to think about Henry Kissinger. In*: Papers of John Ashbrook Center for Public Affairs*, Ashland University, junho de 1997, pp. 1-2.
[32] BRZEZINSKI, Z. *The Grand Chessboard. American primacy and its geoestrategic imperatives.* New York: Basic Books, 1997, p. 14.
[33] Idem, pp. 194-5.
[34] Idem, pp. 24-5.
[35] Idem, p. 31.
[36] Idem, ibidem.
[37] Idem, p. 37.
[38] Idem, pp. 40-2. Não fica claro porque o autor menciona como atores significativos o Azerbaijão, a Coreia do Sul e o Irã, mas omite o Paquistão, a Coreia do Norte e o Iraque.
[39] Idem, pp.194-5.
[40] Idem, p. 200.
[41] Apud BRZEZINSKI, Z. Op. cit., p. 61.
[42] Idem, pp. 63-4.
[43] Idem, p. 65.
[44] Idem, p. 71.

[45] Idem, p. 72.
[46] Idem, p. 80.
[47] Idem, p. 87.
[48] Idem, pp. 90-5.
[49] Idem, p. 101.
[50] Idem, pp. 118-9.
[51] Brzezinski, Z. The lessons of Kosovo. In: *Testemony to the Senate Foreign Relations Committee.* October, 6, 1999, Disponível em: <www.csis.org/hill/ts991006zb.html>.
[52] Brzezinski, Z. *The grand chessboard.* Op. cit., p. 119.
[53] Idem, p. 129.
[54] Idem, pp. 148-9. Apesar dessa região — os "Bálcãs eurasianos" — ser bem maior que a Ásia central, o autor praticamente se limita a esta, deixando de lado o Oriente Médio (talvez para não melindrar o poderoso *lobby* israelense nos EUA) e os problemas do Paquistão diante da Índia e desta diante da China.
[55] Idem, p. 157.
[56] Idem, p. 168.
[57] Idem, pp. 174-5.
[58] Idem, p. 185.

CONSIDERAÇÕES FINAIS

[1] Foucaut, M. *Microfísica do poder.* Rio de Janeiro: Graal, 1979, p. 14.
[2] Pessoa, F. *Poemas.* Rio de Janeiro: Nova Fronteira, 8. ed., 1985, p. 87.